BIBLIOTHEQUE
UNIVERSELLE
DES DAMES.
Première Classe:
VOYAGES.

Il paroît tous les mois deux Volumes de cette Bibliotheque. On les délivre foit brochés, foit reliés en veau fauve ou écaillé, & dorés fur tranche, ainfi qu'avec ou fans le nom de chaque Soufcripteur imprimé au frontifpice de chaque volume.

La foufcription pour les 24 vol. reliés eft de 72 liv., & de 54 liv. pour les volumes brochés.

Les Soufcripteurs de Province, auxquels on ne peut les envoyer par la pofte que brochés, payeront de plus 7 liv. 4 f. à caufe des frais de pofte.

Il faut s'adreffer à M. CUCHET, Libraire, *rue & hôtel Serpente*, à *Paris*.

BIBLIOTHEQUE

UNIVERSELLE

DES DAMES.

VOYAGES.

TOME TREIZIÈME.

A PARIS,

RUE ET HÔTEL SERPENTE.

Avec Approbation & Privilège du Roi.

1789.

BIBLIOTHEQUE
UNIVERSELLE
DES DAMES.
VOYAGES.
LETTRE CLXVI.

De Golkonde.

Après avoir parcouru la côte du Malabar, Madame, il me restoit à voir Golkonde, ce royaume si fameux par ses mines de diamans. Voyageur désintéressé, mais curieux, j'ai voulu connoître ces trésors que la nature a prodigués dans l'Inde, & je vais vous rendre compte des objets les plus remarquables.

C'est au hasard, que l'on pourroit appeler en quelque sorte le père des découvertes, que l'on attribue celle des mines les plus riches qui se trouvent aux environs de Golkonde. C'est à lui, si l'on en croit la tradition du pays, que l'on doit la connoissance de la mine de Raolkonda qui passe pour la plus célèbre.

Raolkonda est située à cinq journées de Golkonde & à huit ou neuf de Visapour. L'époque de sa découverte remonte à plus de trois cens ans. Comme les souverains de ces deux royaumes étoient autrefois sujets de l'Indostan & Gouverneurs de ces mêmes provinces qu'ils érigèrent en royaumes après leur révolte, on a cru long-tems en Europe que les diamans venoient des terres du Grand-Mogol.

En arrivant à Raolkonda, les étrangers ont soin d'aller saluer le Gouverneur de la mine qui est aussi le commandant de la province de Carnatika, dans laquelle cette mine est située. Je me conformai à l'usage, & me rendis ensuite à l'endroit d'où l'on tire les diamans.

On trouve aux environs de la mine la terre sabloneuse & couverte de rochers & de taillis. Ces rochers ont plusieurs veines, larges tantôt d'un demi-doigt, tantôt d'un doigt entier. Les mineurs armés de petits fers crochus par le bout les enfonçent dans ces veines pour en tirer ou le fable ou la terre. C'est dans cette terre qu'ils trouvent les diamans. Mais comme les veines ne fuivent pas toujours une égale direction, car tantôt elles montent, tantôt elles defcendent, ils font contraints de caffer le rocher pour ne pas perdre leur trace. Après les avoir ouvertes, ils ramaffent la terre ou le fable, qu'ils lavent deux ou trois fois pour en féparer les diamans. C'eft dans cette mine que fe trouvent les pierres les plus nettes & de la plus belle eau. Cependant les diamans purs font extraordinairement rares, foit que la nature fe montre avare d'une matière fi parfaite & fi belle, foit que les travaux qu'exige leur exploitation détruisent la beauté du plus grand nombre. En effet j'ai vu des mineurs, pour tirer le fable des roches, donner de fi grands coups d'un lévier de fer, qu'ils étonnoient le diamant & qu'ils y *mettoient des glaces ;* c'eft le mot reçu dans les mines & dans le commerce. Lorfque ces accidens arrivent, on eft obligé de fendre la pierre, ce que les Indiens exécutent avec une adreffe merveilleufe ; ce font ces diamans qu'on nomme foibles en Europe, quoiqu'ils confervent néanmoins une grande apparence. Quand la pierre eft nette, ils ne font que la paffer fur la roue, fans chercher à lui donner une forme, dans la crainte de lui ôter quelque chose de son poids. Je ne vous ferai point suivre, Madame, les mineurs & les lapidaires Indiens dans toutes leurs opérations; il me suffira de vous apprendre que le négoce se fait à Raolkonda avec autant de liberté que de bonne foi.

La manière de traiter entre les marchands me paroît mériter de vous être rapportée. Tout se passe dans le plus profond silence. Le vendeur & l'acheteur sont assis l'un devant l'autre, les jambes croisées. L'un des deux ouvrant sa ceinture, le vendeur prend la main droite de l'acheteur & la couvre avec la sienne de cette ceinture, sous laquelle le marché se fait sécretement, quoiqu'en présence de plusieurs autres marchands qui peuvent se trouver dans la même salle ; c'est-à-dire que les deux intéressés ne se parlent que de la main. Si le vendeur prend toute la main de l'acheteur, ce signe exprime mille. Autant de fois qu'il la lui presse, ce sont autant de mille pagodes ou de mille roupies, suivant les espèces dont il est question. S'il ne prend que les cinq doigts, il n'exprime que cinq cens. Un doigt signifie cent. La moitié du doigt jusqu'à la jointure du milieu signifie cinquante ; & le petit bout du doigt jusqu'à la première jointure signifie dix. Il arrive souvent que dans un même lieu & devant de nombreux témoins, une même partie se vend sept à huit fois sans qu'aucun autre que les intéressés sache à quel prix elle est vendue. A l'égard du poids des pierres, on n'y peut être trompé que dans les marchés clandestins. Lorsqu'on les achète publiquement, c'est toujours aux yeux d'un officier du roi, qui sans tirer aucun bénéfice des particuliers, est chargé de peser les diamans ; & tous les marchands doivent s'en rapporter à son témoignage.

J'observai aussi à Raolkonda une particularité non moins singulière. On voit paroître tous les jours, au matin, les enfans des maîtres mineurs & d'autres gens du pays, depuis l'âge de dix ans jusqu'à l'âge de quinze ou de seize, qui viennent s'asseoir sous un gros arbre au milieu de la place du bourg. Chacun d'eux a son poids de diamans dans un sac pendu d'un côté de sa ceinture ; & de l'autre une bourse attachée, qui contient quelquefois jusqu'à cinq ou six cens pagodes d'or. Ils attendent qu'on leur vienne vendre quelques diamans, soit du lieu même ou de quelqu'autre mine. Quand on leur en présente un, on le met entre les mains du plus âgé de ces enfans qui est comme le chef des autres. Il le considère soigneusement & le fait passer à son voisin qui l'examine à son tour. Ainsi la pierre circule de main en main dans un grand silence, jusqu'à ce qu'elle revienne au premier. Il en demande alors le prix pour en faire le marché ; & s'il l'achète trop cher, c'est pour son compte. Le soir tous ces enfans font la somme de ce qu'ils ont acheté. Ils regardent leurs pierres, & les mettent à part suivant leur eau, leur poids & leur netteté. Ils mettent à-peu-près sur chacune, le prix auquel elles pourroient se vendre aux étrangers. Ensuite ils les portent aux maîtres qui ont toujours quelques diamans à assortir, & tout le profit se partage entre ces jeunes marchands, avec cette seule différence que le chef ou le plus âgé prend un quart pour cent de plus que les autres. Ces jeunes lapidaires connoiffent fi parfaitement le prix de toutes fortes de pierres, que fi l'un d'eux, après en avoir acheté une, veut perdre demi pour cent, un autre eft prêt à lui rendre auffitôt fon argent.

La mine de Raolkonda ne fit qu'irriter ma curiofité. Je formai donc le deffein de vifiter une autre mine de diamans fituée dans le royaume de Golkonde à fept lieues de la capitale. Elle eft voifine d'un gros bourg où paffe la même rivière que j'avois traverfée en revenant de Raolkonda. De hautes montagnes forment une forte de croiffant à une lieue & demie du bourg ; & c'eft dans l'efpace qui eft entre le bourg & les montagnes qu'on trouve le diamant.

Je fus surpris de voir aux environs de cette mine jusqu'à soixante mille ouvriers. Au milieu de tout ce peuple, je ne tardai pas à être instruit du merveilleux de la découverte postérieure d'un siècle, à celle de Raolkonda. Un pauvre homme bêchant un petit terrein pour y semer du millet, trouva dans cet endroit une *pointe naive*, du poids d'environ vingt-cinq karats. La forme & l'éclat de cette pierre la lui firent porter à Golkonde. Les négocians reçurent avec admiration un diamant de ce poids, parce que les plus gros qui fussent connus auparavant n'étoient que de dix à douze karats. Le bruit de cette découverte n'ayant pas tardé à se répandre, plusieurs personnes riches commencèrent aussitôt à faire ouvrir la terre, & l'on ne cessa d'y trouver quantité de grandes pierres pesant depuis dix jusqu'à quarante karats. Mais la plupart ne sont pas nettes & leur eau tient ordinairement de la qualité du terroir. S'il est humide & marécageux, la pierre tire sur le noir ; s'il est rougeâtre, elle tire sur le rouge ; & suivant les autres endroits, tantôt sur le verd & tantôt sur le jaune. Les Indiens, Madame, ont une manière bien différente de la nôtre pour examiner les pierres brutes. Les lapidaires Européens se servent du jour pour cet examen, tandis que les Indiens au contraire ne s'y livrent que pendant la nuit. Ils mettent dans un trou qu'ils font à quelque mur, de la grandeur d'un pied quarré, une lampe avec une grosse mêche, à la clarté de laquelle ils jugent de l'eau & de la netteté de la pierre qu'ils tiennent entre leurs doigts. L'eau que l'on nomme céleste est la pire de toutes. Il est impossible de la reconnoître, tandis que la pierre est brute. Mais pour peu qu'elle soit découverte sur le moulin, le secret infaillible pour bien juger de son eau, est de la porter sous un arbre touffu. L'ombre de la verdure fait découvrir facilement si elle est bleue.

J'étois prêt à quitter cette mine, fans avoir fait attention à la méthode de fon exploitation, lorfque je m'apperçus qu'elle ne reffembloit en rien à celle de Raolkonda. Les mineurs, après avoir reconnu la place où l'on veut travailler applaniffent une autre place à-peu-près de la même étendue, qu'ils entourent d'un mur d'environ un pied de haut. Au pied de ce petit mur, ils font de petites ouvertures pour l'écoulement de l'eau & les tiennent fermées jufqu'au moment où l'eau doit s'écouler. Alors tous les ouvriers s'affemblent, hommes, femmes & enfans, avec le maître qui les emploie, accompagné de fes parens & de fes amis. Il apporte avec lui quelqu'idole qu'on met debout fur la terre & devant laquelle chacun fe profterne trois fois. Un prêtre, qui fait la prière pendant cette cérémonie, leur imprime à tous une marque fur le front, avec une compofition de fafran & de gomme, efpèce de colle qui retient fept ou huit grains de riz que le prêtre y applique. Enfuite s'étant lavé le corps avec de l'eau que chacun apporte dans un vafe, ils fe rangent en ordre pour manger ce qui leur eft préfenté dans un feftin que le maître leur fait au commencement du travail.

Après ce repas chacun commence à travailler. Les hommes fouillent la terre. Les femmes & les enfans la portent dans l'enceinte qui se trouve préparée. On fouille jusqu'à dix, douze & quatorze pieds de profondeur ; mais aussitôt qu'on rencontre l'eau, il ne reste plus d'espérance. Quand toute la terre est portée dans l'enceinte, on prend avec les cruches l'eau qui demeure dans les trous qu'on a faits en fouillant. On la jette sur cette terre pour la détremper, après quoi les trous sont ouverts pour donner passage à l'eau ; & l'on continue d'en jeter d'autre par-dessus, afin qu'elle entraîne le limon & qu'il ne reste que le sable. Tous les mineurs ont des paniers à-peu-près de la forme d'un van, dans lequel ils mettent ce sable pour le secouer comme on secoue le bled. Après avoir vanné tout le sable, ils l'étendent avec une manière de rateau qui le rend fort uni. Alors se mettant tous ensemble sur ce sable avec un gros pilon de bois, large d'un demi-pied par le bas, ils le battent d'un bout à l'autre de deux ou trois grands coups qu'ils donnent à chaque endroit. Ils le remettent ensuite dans les paniers, le vannent encore & recommencent à l'étendre ; dès ce moment ne se servant plus que de leurs mains, ils cherchent les diamans en pressant cette poudre dans laquelle ils ne manquent point de les sentir. Voilà, Madame, ce que j'ai vu de plus curieux en visitant ces deux mines. A mon retour on me montra l'emplacement d'une troisième située entre Kolouvel & Raolkonda, que le roi de Golkonde avoit fait fermer. Cette mine, suivant ce que j'appris, renfermoit des pierres d'une écorce verte, belle & transparente & d'une apparence plus éblouissante que celle des deux mines que je venois de visiter, mais elles se mettoient en morceaux lorsqu'on commençoit à les *égriser*, ou du moins elles ne pouvoient résister sur la roue. Ce fut peut-être ce motif qui fit cesser l'exploitation.

Il existoit encore quelque tems avant mes voyages, une fameuse mine de diamans, à deux lieues de Golkonde, située au pied d'une grande montagne, assez près d'une rivière qui se nomme Christena. Cette mine est maintenant épuisée, & le pays dont la population se montoit à plus de cent mille hommes au tems de l'exploitation, est désert & stérile. On y trouve cependant encore du cristal & d'autres pierres transparentes, telles que des grenats, des améthystes, des topazes & des agates. Il produit aussi beaucoup de fer & d'acier, qu'on transporte en divers endroits des Indes.

On ne connoît dans le pays aucune mine d'or ni de cuivre. Mais on raconte qu'il se trouve dans un seul endroit des montagnes une grande quantité de bézoard, qu'on tire du ventre des chèvres. J'ai entendu parler avec admiration de la multitude de ces riches animaux qu'on ne cesse de poursuivre dans les montagnes où ils font leur retraite, mais j'ai eu le chagrin de partir de Golkonde sans en avoir vu. Quelques-uns donnent jusqu'à trois ou quatre de ces pierres précieuses, les unes longues, les autres rondes, mais toutes fort petites. On m'instruisit d'une expérience faite sur quatre de ces chèvres : le fait m'a paru trop singulier pour n'être pas rapporté. De quatre chèvres qui furent transportées à cent cinquante milles de leurs montagnes, on en ouvrit deux aussitôt après, & l'on y trouva des bézoards. On laissa passer dix jours pour ouvrir la troisième, & l'on vit à quelques marques qu'elle en avoit eu. Dans la quatrième, qui ne fut ouverte qu'un mois après, on ne trouva ni bézoard, ni la moindre marque de pierre. Si ce phénomène est vrai, il en faut conclure que la nature produit dans ces montagnes quelqu'arbre ou quelque plante, qui, servant de nourriture aux chèvres, sert à la production du bézoard. J'ajouterai à cette relation que la teinture des toiles de ce pays est la meilleure & la plus belle de toutes celles de l'Orient. La couleur dure autant que l'étoffe. On la tire d'une plante qui ne croît point en d'autres lieux, & que les habitans nomment *chay*.

Un cours d'obfervations fur les mines eft toujours imparfait, fi l'on n'a vifité celle de Bengale, que l'on cite comme la plus ancienne de toutes les mines de diamans. Lors de mon voyage dans cette partie de l'Inde, je n'ai point négligé de recueillir tout ce qui pouvoit me donner quelques lumières fur cette fource de la richeffe orientale ; mais je différois, pour vous en faire part, jufqu'au moment où je pourrois vous entretenir de Golkonde. Je vais acquitter ma promeffe. Les Indiens donnent indifféremment à cette mine le nom de *Soumelpour*, qui eft un gros bourg près duquel on trouve les diamans, ou celui de *Gouel*, rivière sablonneuse dans laquelle on les découvre.

Comme je ne pus attendre la saison où commencent les travaux de cette mine, je fus obligé de me contenter des instructions que me donnèrent à ce sujet les naturels du pays, & voici ce qu'ils m'ont appris. C'est en remontant la rivière de Gouel, qui prend sa source dans de hautes montagnes au midi & qui se perd dans le Gange, que les habitans font les recherches des diamans. Lorsque le tems des grandes pluies est passé, ce qui arrive ordinairement au mois de décembre, on attend encore pendant tout le mois de janvier que la rivière soit éclaircie, parce qu'alors elle
n'a

n'a pas plus de deux pieds d'eau en divers endroits, & qu'elle laisse toujours quantité de sables à découvert. Vers le commencement de février, il sort de Soumelpour & d'un autre bourg voisin situé sur la même rivière, huit ou dix mille personnes de tous les âges, qui ne respirent que le travail. Les plus experts connoissent à la qualité du sable, s'il s'y trouve des diamans. On entoure ces lieux de pieux, de fascines & de terre pour en tirer l'eau & les mettre tout-à-fait à sec. Le sable qu'on y trouve, sans le chercher jamais plus loin qu'à deux pieds de profondeur, est porté sur une grande place qu'on a préparée au bord de la rivière, & entourée d'un petit mur d'environ deux pieds. On y jette de l'eau pour le purifier, & tout le reste de l'opération ressemble à celle des autres mines.

C'est de cette rivière que viennent toutes les belles pierres qu'on appelle *pointes-naïves* : elles ont beaucoup de ressemblance avec celles qu'on nomme *pierres de tonnère*. Mais il est rare qu'on en trouve de grandes.

LETTRE CLXVII.

SI les Européens envient au royaume de Golkonde, ses mines & ses trésors, ils pourroient, Madame, lui envier un bien, qui est plus grand encore, je veux dire la fertilité de son sol. Cette riche contrée produit aussi en abondance du riz & du blé, toutes sortes de bestiaux & de volailles, & les autres nécessités de la vie. J'ai remarqué quantité d'étangs qui sont remplis de bon poisson, sur-tout d'une espèce d'éperlans fort délicats, qui n'ont qu'une arrête au milieu du corps.

 Le climat de ce pays est fort

sain, malgré les chaleurs excessives qui y règnent. Les habitans divisent leurs années en trois saisons; mars, avril, mai & juin forment leur été; car pendant ces mois non-seulement l'approche du soleil cause beaucoup de chaleur, mais le vent qui sembleroit devoir la tempérer, l'augmente à l'excès. Il y souffle ordinairement vers le milieu de mai un vent d'ouest si ardent, que dans les chambres les mieux fermées on ne sauroit toucher au bois des chaises & des tables, & qu'on est obligé de jetter continuellement de l'eau sur le plancher & sur les meubles. Mais cette bourasque de chaleur ne dure que six ou sept jours, & seulement depuis neuf heures du matin jusqu'à quatre heures après midi. Il s'élève ensuite un vent frais qui la tempère ordinairement. Les mois de juillet, d'août, de septembre & d'octobre composent la seconde époque de leur année. Les pluies continuelles qui tombent alors, rafraîchissent l'air & procurent aux habitans le même avantage que les Egyptiens reçoivent du Nil. Cette inondation suffit pour préparer leurs terres & y faire germer abondamment le riz & les autres grains qu'ils y sèment. L'hiver, cette saison si affreuse dans nos climats, n'exerce point sa rigueur chez les heureux habitans de Golkonde; ils en comptent un cependant, dont ils fixent le cours depuis le mois de novembre jusqu'à celui de février, mais pendant ces quatre mois l'air est aussi chaud dans ce royaume, qu'il l'est au mois de mai dans les provinces septentrionales de la France. Aussi les arbres de Golkonde sont-ils toujours verds & chargés de fruits mûrs. On y fait deux moissons de riz. Il s'y trouve même des terres qu'on ensemence trois fois.

Les habitans de Golkonde sont presque tous de belle taille, bien proportionnés & blancs du visage, malgré la chaleur du climat. Je n'ai vu que les paysans qui y fussent un peu bazanés. Leur religion est un mélange d'idolâtrie & de mahométisme. Ceux qui sont attachés à la secte de Mahomet, ont adopté la doctrine des Persans. Les idolâtres suivent celle des Bramines.

Le peuple de Golkonde est divisé en quarante-quatre tribus. La première est celle des Bramines qui sont les prêtres du pays, & les docteurs de la religion dominante. Ils entendent si bien l'arithmétique que les mahométans même les emploient pour leurs comptes. Leur méthode est d'écrire avec une pointe de fer sur des feuilles de palmier. Ils tiennent par tradition de leurs ancêtres, les secrets de la médecine, & de l'astrologie, qu'ils ne communiquent jamais aux autres tribus. Leur réputation est si bien établie dans toutes les Indes, qu'on n'entreprend rien sans les avoir consultés. Ils ont même donné deux rois de leur race, l'un à Kalicut & l'autre à la Cochinchine. La tribu des Famgams tient le second rang. C'est un autre ordre de prêtres qui observent les cérémonies des Bramines, mais qui ne prennent pour toute nourriture que du beurre, du lait & toutes sortes d'herbages, à l'exception des oignons auxquels ils ne touchent jamais, parce qu'ils y trouvent certaines veines qui paroissent avoir quelque ressemblance avec le sang.

Les négocians, les changeurs, les laboureurs, les soldats, les artistes, les artisans, enfin toutes les professions qui servent aux usages de la société composent autant de tribus qui ne s'allient jamais entr'elles & qui n'ont d'autre relation avec les autres, que celle de l'intérêt & des besoins mutuels. Il faut cependant excepter de cette règle les laboureurs & les soldats, qui ne forment qu'une seule & même tribu. Il semble que ce peuple ait imaginé qu'il n'y avoit point de distinction à faire entre celui qui nourrit sa patrie & celui qui la défend.

Malgré leur séparation toutes les tribus ont la même religion & les mêmes temples. Ces temples sont ordinairement fort obscurs & n'ont pas d'autre lumière que celle qu'ils reçoivent par les portes qui restent toujours ouvertes. Chacun y choisit son idole. Comme ces temples servent quelquefois d'asyle aux étrangers, je me logeai un jour dans celui de la petite vérole dont l'idole principale repréfentoit une grande femme maigre avec deux têtes & quatre bras. Un des descendans du fondateur de l'édifice me raconta que cette maladie s'étant répandue dans la famille de son ancêtre, celui ci avoit fait vœu de lui bâtir un temple, & que la maladie avoit cessé aussitôt. Les dévots moins riches font d'autres vœux qu'ils rempliffent avec zèle. Je fus malgré moi le témoin du supplice volontaire d'un de ces fanatiques. On fit avec un couteau à l'adorateur deux ouvertures dans la chair des épaules, & l'on y passa les pointes de deux crocs de fer. Ces crocs tenoient au bout d'une solive posée sur un essieu que portoient deux roues de fer, de sorte que la solive avoit son mouvement libre. D'une main l'adorateur tenoit un poignard & de l'autre une épée. On l'éleva en l'air, & dans cette posture on lui fit faire un quart de lieue par le mouvement des roues. Pendant cette procession barbare, l'insensé faisoit mille gestes différens avec ses armes; la douleur ne lui arrachoit aucun cri, pas même aucune marque d'impatience. Après qu'il eut été ainsi stygmatisé, il retourna chez lui dans un triste état, mais consolé par le respect & l'admiration des spectateurs.

Comme il ne se contracte point d'alliances à Golkonde entre des tribus différentes, les pères & les mères sont obligés de marier leurs enfans dans leur tribu, souvent même dans leurs familles, car ils n'ont aucun égard pour les degrés de parenté. On ne donne rien aux filles en les mariant. Le mari est même obligé de faire quelque présent au père. On marie les garçons dès l'âge de cinq ans & les filles à l'âge de trois, mais on attend pour la consommation le vœu de la nature, qui ne tarde pas à s'expliquer dans un climat

climat aussi chaud. Il n'est pas rare d'y voir des mères âgées de douze ans. La cérémonie du mariage consiste à promener les deux époux dans un palanquin par les rues & les places publiques. A leur retour, un Bramine étend un drap sous lequel il fait passer une jambe au mari, pour presser de son pied nû, celui de la jeune épouse qui est de même nû. Les femmes de Golkonde ont un grand intérêt à veiller à la conservation des jours de leurs maris, car les veuves n'ont jamais la liberté de se remarier, sans excepter celles dont le mariage n'a pas été consommé. Leur condition devient alors fort malheureuse. Elles demeurent enfermées pour jamais dans la maison de leur père, où elles sont assujetties aux ouvrages les plus fatigans & privées de toutes sortes d'ornemens & de plaisirs. Une captivité aussi dure perpétue sans doute dans ce royaume ces sacrifices affreux, que les femmes Indiennes offrent aux mânes de leurs maris. Car si la loi de Golkonde n'ordonne pas à une veuve de se brûler avec son époux, elle lui laisse cependant la liberté de suivre cet usage barbare par un simple mouvement de tendresse, & dans l'espérance de rejoindre l'objet de son affection : il arrive souvent que ce motif n'a que trop de force sur l'esprit superstitieux d'une jeune femme, qui se voit condamnée pour le reste de sa vie aux ennuis du veuvage & d'une éternelle prison.

Je crois, Madame, avoir recueilli ce que l'on peut apprendre de plus intéressant sur le royaume de Golkonde. Sa capitale est Golkonde, ou plutôt Bagnagar, nom que lui donna le souverain, qui en fut le fondateur, à la prière d'une de ses femmes qui se nommoit Nagar ; car Bagnagar signifie en langage Indien, jardin de Nagar. Et comme les princes cherchent partout à immortaliser l'objet de leurs amours, on vit bientôt s'élever à la place d'un simple jardin, une grande ville régulièrement bâtie, ornée de plusieurs belles rues, &

remarquable sur-tout par un pont dont la beauté ne le cède guère à celle des plus beaux ponts de la France. Golkonde proprement dite est une forteresse éloignée d'environ deux lieues de Bagnagar. C'est dans cette forteresse que les souverains du pays font leur résidence ordinaire.

LETTRE CLXVIII.

De Malé.

Les dangers de la navigation, Madame, n'ont point arrêté ma curiosité; j'ai fait voile vers les îles Maldives, sans m'effrayer des naufrages dont les récits de presque tous les voyageurs menacent aux environs de ces îles. Un vent favorable a secondé mon projet & me voici prêt à reprendre le cours de mes observations.

Les îles Maldives tirent leur nom de l'île de *Malé*, qui en est la principale, & du mot *dives*, qui signifie en langage Indien, amas de petites îles. Elles s'étendent depuis le huitrième degré de latitude-nord, jusqu'au quatrième degré de latitude-sud; ainsi elles forment en longueur une étendue d'environ deux cens lieues, quoiqu'elles n'en aient que trente à trente-cinq de largeur. Leur distance de la terre ferme est de cent cinquante lieues.

Ces îles forment un royaume divisé en treize provinces qui se nomment *Atollons*. Je n'ai pas tardé à m'appercevoir que cette division est l'ouvrage de la nature: car ces treize Atollons, chacun formé d'un grand nombre de petites îles, sont tous environnés de grands bancs de pierre contre lesquels la mer se brise avec fureur, & séparés par des canaux plus ou moins larges ; enfin ils forment chacun une circonférence d'environ trente lieues, & s'entresuivent du nord au sud, sans se toucher.

Quoique ces Atollons soient séparés entr'eux par des canaux, on n'en compte que quatre où les grands navires puissent passer ; encore le péril ne laisse-t-il pas d'y être extrême pour ceux qui n'en connoissent pas les écueils. Je me servis pour parcourir ces îles, des barques des insulaires dont on voit un nombre infini pendant le jour, mais qui prennent terre le soir; car, bien que la mer soit toujours tranquille dans les canaux intérieurs, néanmoins comme l'eau n'y a pas plus de vingt brasses dans sa plus grande profondeur, les basses & les rochers y rendent la navigation si dangereuse que les habitans même, qui sont peut-être les matelots les plus exercés aux fatigues de la mer, ne s'y exposent jamais pendant la nuit. Les ouvertures des Atollons ont peu de largeur, & par la suite de cette symétrie qui règne dans la division des Maldives, chaque ouverture est bordée de deux îles, & chaque Atollon a quatre ouvertures, qui répondent presque directement à celles des Atollons voisins, d'où il arrive qu'on peut entrer & sortir par les unes ou par les autres, sous toutes les aires de vents, & malgré l'impétuosité ordinaire des courans.

Vous pouvez juger, Madame, par la situation des Maldives, que la chaleur y est excessive & l'air fort mal sain. Cependant comme le jour & la nuit y sont toujours égaux, la longueur des nuits amène une abondante rosée qui les rend très-fraîches. Aussi les grandes îles ne manquent-elles ni d'herbes ni d'arbres malgré l'ardeur du soleil. L'hiver y commmence au mois d'avril & dure six mois ; les pluies y sont continuelles pendant cette saison, & les vents souflent avec une extrême impétuosité du côté de l'ouest. Il ne pleut pas au contraire pendant les autres six mois de l'année, & les vents viennent de l'est.

Le roi des Maldives prend modestement le titre de *Sultan des treize Provinces & des douze mille îles*. Je n'ai point été tenté de vérifier le dénombrement de ces îles; mais en le supposant exact, il faudroit le réduire à un nombre bien moins considérable; car outre que plusieurs de ces îles sont entièrement désertes, la plupart n'offrent que de petites mottes de sable inhabitées, que les courans & les grandes marées rongent & emportent tous les jours. Aussi plusieurs voyageurs instruits ont-ils estimé que toutes ces petites îles, & la mer qui les sépare, ne sont qu'un banc continuel, & qu'elles ne formoient originairement qu'une feule île que la violence des flots a pour ainfi dire coupée en pièces.

Malé, la principale île des Maldives, eſt à-peu-près au centre de cet archipel. Son circuit eſt environ d'une lieue & demie. Le féjour du Roi qui y tient fa cour y attire tant de monde, que c'eſt la plus peuplée comme la plus fertile de ces îles; mais elle en eſt auſſi la plus mal faine. La raiſon que les inſulaires en apportent, eſt qu'il s'élève des vapeurs contagieuſes de la multitude des corps qu'on y enterre. Peut-être que les Maldivois après avoir commencé comme certaines nations éclairées par fe douter des inconvéniens de cette barbare coutume, trouveront aussi comme elles au bout de quelques siècles, les moyens de l'abolir. Les eaux, par cette même raison, sont aussi fort mauvaises à Malé. Le Roi & les seigneurs s'en font apporter de quelques autres îles où l'on n'accorde la sépulture à personne. Dans toutes les Maldives, sans en excepter l'île de Malé, on ne voit point de villes environnées de murs. Chaque île habitée est remplie de maisons, dont les unes sont séparées par des rues & les autres dispersées. Celles du peuple sont composées de bois de cocotier & couvertes de feuilles du même arbre, cousues en double les unes dans les autres. Les feigneurs & les riches marchands en font bâtir d'une forte de pierre blanche & polie, mais un peu dure à fcier : elle fe trouve en abondance au fond des canaux, & devient tout-à-fait noire, lorfqu'elle a été long-tems mouillée de la pluie ou de toute autre eau douce.

La religion des Maldives eft le pur mahométifme, avec toutes fes fêtes & fes cérémonies. Chaque île a fes temples & fes mofquées. On rend de grands honneurs à ceux qui ont fait le voyage de la Mecque & de Médine, quelque vile que foit leur naiffance ; & ces pieux pélerins jouiffent de divers privileges. On les nomme *agis*, c'eft-à-dire saints ; mais ces saints ne sont pas assez humbles pour ne pas vouloir être reconnus. Ils portent à cet effet des pagnes de coton blanc & de petits bonnets ronds de la même couleur, avec une sorte de chapelet qui pend à leur ceinture.

Mais ce qui doit vous faire prendre, Madame, une opinion avantageuse des Maldivois, c'est que l'éducation des enfans est un des principaux objets de la législation dans toutes les îles. Aussitôt qu'un enfant est né, on le lave dans l'eau froide six fois le jour ; après quoi on le frotte d'huile, & cette pratique s'observe long-tems. Toutes les mères sans en excepter la reine, nourrissent leurs enfans. On ne les enveloppe d'aucuns langes ; ils sont couchés nuds & libres dans de petits lits de corde suspendus en l'air, où ils sont bercés par des esclaves. Aussi n'en voit-on guère de contrefaits, & dès l'âge de neuf mois ils commencent à marcher. On les circoncit à sept ans. A neuf on doit les appliquer aux études & aux exercices du pays. Ces études sont d'apprendre à lire & à écrire, & sur-tout d'acquérir l'intelligence de l'alcoran. On leur enseigne en outre trois sortes d'alphabets : l'Arabique avec quelques lettres & quelques points que les insulaires y ont ajoutés pour exprimer les mots de leur propre langue ; un second dont le caractère est particulier à la langue des Maldives; & un troisième qui est en usage dans l'île de Ceylan & dans la plus grande partie des Indes. Quoique le tems des études soit borné, il se trouve parmi eux beaucoup de particuliers qui les continuent, principalement l'étude de l'alcoran & des cérémonies religieuses. Je ne fus pas moins surpris de voir ce peuple cultiver les mathématiques. Mais les recherches de toutes ces sciences le cèdent à celle de l'astrologie qu'ils poussent à un si haut degré de superstition, qu'ils n'entreprennent rien sans avoir consulté leurs astrologues. Le Roi en entretient un grand nombre à sa cour & se conduit souvent par leurs lumières ou plutôt par leurs rêveries.

Le gouvernement des Maldives est despotique; mais quoique l'autorité du Roi soit absolue, elle est exercée généralement par les prêtres. La division naturelle des treize Atollons forme celle du gouvernement. Chacun a son chef qui porte le titre de *Naïbe*. Ces Naïbes sont des docteurs de la loi qui ont l'intendance de tout ce qui appartient, non-seulement à la religion, mais encore à l'exercice de la justice. Chaque île qui contient plus de quarante & un habitans, est gouvernée par un autre docteur qui se nomme *Catibe*, & qui a sous lui les prêtres particuliers des mosquées. Mais l'administration principale est entre les mains des Naibes. Ils font les seuls juges civils & criminels. Ils font quatre fois l'année la visite de leur Atollon. Ces Naibes ont néanmoins un supérieur qui réside à Malé & ne quitte jamais la personne du Roi. On le nomme *Pandiare*; c'est tout-à-la-fois le chef de la religion & le juge souverain du royaume. Cependant il ne peut porter de jugement dans les affaires importantes, sans être assisté de trois *Mocouris*. Ces Mocouris dont le grand mérite est de savoir l'alcoran par cœur, sont au nombre de quinze & forment le conseil du Pandiare. Le Roi seul a le pouvoir de réformer les jugemens de ce tribunal, & examine les plaintes qu'on lui en porte avec six de ses principaux officiers, qu'on nomme *Moscoulis*. Les procès se terminent promptement aux Maldives, car les parties plaident elles-mêmes leur cause, & il est défendu rigoureusement aux juges d'accepter le moindre salaire, même à titre de présent.

Les Maldivois contractent peu de dettes. L'esclavage est la peine de l'insolvabilité. Ceux qui deviennent esclaves de leurs créanciers, ne peuvent être vendus pour servir d'autres maîtres : mais après leur mort le créancier se saisit de tout ce qu'ils peuvent avoir acquis ; & s'il reste à payer quelque chose de la dette, les enfans continuent d'être eſclaves juſqu'à ce qu'elle ſoit entièrement acquittée.

A l'égard des crimes il faut que l'offenſé ſe plaigne pour attirer l'attention de la juſtice, & qu'ils ſoient dénoncés formellement pour être punis. Les peines ordinaires ſont le banniſſement dans quelqu'île déſerte du ſud, la mutilation de quelque membre, ou le fouet, qui eſt le châtiment le plus cruel: le plus ſouvent on en meurt. Ce ſupplice eſt celui des grands crimes, tels que l'inceſte & l'adultèie.

Les Maldivois ſont olivâtres & d'une ſi belle taille qu'à l'exception de la couleur ils diffèrent peu des Européens. J'ai remarqué une grande différence entre les insulaires du nord & ceux du midi. Les Maldivois du sud ont quelque chose de grossier dans leurs manières & dans leur langage ; ceux du nord au contraire ont le caractère & les usages des peuples civilisés des Indes. C'est aussi dans la partie septentrionale, depuis Malé jusqu'à la pointe du nord, que la noblesse fait sa demeure, & c'est-là que le Roi élève ordinairement sa milice. J'attribue cette différence au commerce, qui a toujours été plus fréquent dans cette partie que dans les îles méridionales, à cause du passage des navires. Mais en général le peuple des Maldives est spirituel, industrieux, porté aux arts, capable même des sciences dont il fait beaucoup de cas, sur-tout de l'astronomie qu'il cultive soigneusement. Il est courageux, exercé aux armes, ami de l'ordre & de la police. Les femmes sont belles; & quoique la plupart soient olivâtres, j'en ai vu d'aussi blanches qu'en Europe. Les habitans de l'un & de l'autre sexe ont les cheveux noirs, & sont très-attachés à ce genre de beauté.

La nation est distinguée en quatre ordres. Le Roi, les princes de sa famille, les princes des anciennes races royales & les grands seigneurs composent le premier ordre. Le second ordre est celui des dignités & des offices que le Roi seul a le pouvoir de distribuer. Le troisième est celui de la noblesse & le quatrième est celui du peuple. Outre les nobles d'ancienne race dont quelques-uns, comme par-tout, font remonter leur origine aux tems fabuleux, le Roi est le maître d'anoblir. Il accorde à ceux qu'il veut honorer de cette faveur des lettres dont la publication se fait dans l'île de Malé, au son d'une sorte de cloche, qui est une plaque de cuivre sur laquelle on frappe avec un marteau. Les nobles jouissent de grands honneurs dans ces îles. Les personnes du peuple, sans en excepter les plus riches marchands, ne peuvent s'asseoir avec un noble, ni même en sa présence lorsqu'il se tient debout. Ils doivent s'arrêter lorsqu'ils le voient paroître, & le laisser passer devant eux. Les femmes nobles, quoique mariées avec un homme du peuple, ne perdent pas la noblesse, elles la communiquent même à leurs enfans; tandis que celles de l'ordre populaire qui épousent un noble ne sont pas anoblies par leur mariage, quoique les enfans qui viennent d'elles participent à la noblesse de leur père. Ainsi chacun demeure dans l'ordre où il est né, & n'en peut sortir que par la volonté du souverain.

Après une disposition aussi sage, vous serez peut-être surprise, Madame, d'apprendre un usage assez ridicule. Le plus grand honneur de ce pays consiste à manger du riz accordé par le Roi. Les nobles même obtiennent peu de considération, lorsqu'ils ne joignent pas cet avantage à celui de la naissance. Cette faveur cependant n'est pas rare; presque tous les soldats en jouissent, sur-tout ceux de la garde du roi, qui sont au nombre de six cens, divisés en six compagnies, sous le commandement de six Moscoulis. Le Roi entretient en outre dix autres compagnies, commandées par les plus grands seigneurs du royaume. Ces compagnies ne suivent le prince qu'à la guerre & elles sont employées à l'exécution de ses ordres. Elles ont indépendamment du riz que leur donne le

Roi, diverses îles qui leur sont assignées pour leur subsistance & certains droits sur les passages. Les riches insulaires s'efforcent d'entrer dans ces deux corps, mais cette grace se paye très-cher, ainsi que tous les emplois civils & militaires.

Lorsque le roi sort accompagné de sa garde, on soutient sur sa tête un parasol blanc, qui est aux Maldives la principale marque de la Majesté Royale. Ce Souverain a un droit exclusif sur tout ce que la mer jette au rivage, soit par le naufrage des étrangers, soit par le cours naturel des flots, qui amène au bord des îles quantité d'ambre gris & de corail, sur-tout une sorte de grosse noix que les

Maldivois nomment *tavarcarré*, & les Portugais *coco des Maldives*. Cette production de la mer est très-estimée, & s'achète à grand prix. Lorsqu'un Maldivois fait fortune, on dit en proverbe qu'il a trouvé du *tavarcarré*.

L'habillement des Maldivois est une sorte de caleçon de toile qui leur prend depuis la ceinture jusqu'au-dessous des genoux, & par dessus lequel ils portent un pagne de soie ou d'autre étoffe orné diversement, suivant les degrés du rang ou de la richesse. Le reste du corps est nû. Les femmes portent de véritables robes d'une étoffe légère de soie ou de coton, & ont le sein soigneusement couvert.

Elles sortent rarement le jour; toutes leurs visites se font la nuit avec un homme qu'elles doivent toujours avoir à leur suite ou à leur côté.

La langue commune des Maldives est particulière à ces îles. L'Arabe s'apprend dès l'enfance, comme le latin en Europe. Ceux qui ont des liaisons de commerce avec les étrangers, parlent les langues de Cambaye, de Guzarate, de Malaca & même le Portugais.

Il existe parmi ces insulaires des usages communs, auxquels les grands & les petits sont également attachés. Ils ne mangent jamais qu'avec leurs égaux en richesses comme en naissance ou en dignité;

& comme il n'y a point de règle bien sûre pour établir cette égalité dans chaque ordre, il arrive de là qu'ils mangent bien rarement ensemble. Lorsqu'ils mangent en particulier, ils seroient fâchés d'être vus ; ils se retirent dans l'intérieur de leurs appartemens & abaissent toutes les toiles & les tapisseries qui sont autour d'eux. Leur vaisselle est une sorte de fayance qui leur vient de Cambaie, ou de la porcelaine qu'ils tirent de la Chine. La vaisselle d'or ou d'argent est défendue par la loi, quoique la plupart des grands seigneurs soient assez riches pour en user. On ne peut pas vanter les Maldivois pour d'aimables convives ; car ils observent un profond silence pendant leurs repas qui sont très-courts, & ils ne boivent qu'une seule fois, après s'être raffasiés. Leur boisson la plus commune est de l'eau ou du vin de coco tiré le même jour. L'usage du bétel & de l'aréca est aussi commun aux Maldives que dans le reste des Indes. Les grands & les petits ont les dents rouges à force d'en mâcher, & cette rougeur passe pour une beauté aux yeux de ces insulaires. Dans les bains dont ils font un fréquent usage, ils se nettoient les dents avec un soin particulier, afin que la couleur du bétel y prenne mieux.

Leur vénération pour les rognures de leur poil & de leurs ongles est extrême. Ils les enterrent dans leurs cimetières avec beaucoup de soin pour n'en rien perdre. C'est une partie d'eux-mêmes qui demande, disent-ils, la sepulture comme le corps. La plupart vont se raser à la porte des mosquées.

Jamais on ne frappe à la porte d'une maison; on n'appelle pas même pour la faire ouvrir. La grande porte est toujours ouverte pendant la nuit. On entre jusqu'à celle du logis qui n'est formée que d'une tapisserie de toile de coton; & toussant pour unique signe, on est entendu des habitans qui se présentent aussi-tôt & reçoivent ceux qui demandent à les voir.

Hypocrate n'a point d'élèves fameux aux Maldives. La médecine des habitans consiste plutôt dans des pratiques superstitieuses que dans aucune méthode.

Ils ont cependant divers remèdes naturels dont ils se servent avec succès; tels sont, entr'autres, ceux qu'ils emploient pour le mal des yeux, auquel ils sont fort sujets, & pour l'opilation de la rate, maladie commune qu'ils attribuent à la mauvaise qualité de l'air. Mais ils ont grand soin de joindre à ces remèdes des caractères & des charmes auxquels les malades ont plus de confiance qu'aux remèdes eux-mêmes.

Il règne dans ces îles une fièvre si commune & si dangereuse, qu'elle est connue par toute l'Inde sous le nom de fièvre des Maldives. Ce fléau n'est pas le seul dont ce pays soit affligé. Il s'y répand tous les dix ans une sorte de petite vérole, dont la contagion force les habitans de s'abandonner les uns les autres.

Le déréglement des mœurs ne contribue pas moins que l'insalubrité du climat à ruiner la santé & la constitution de ce peuple. Les hommes & les femmes se livrent à tous les genres de désordres qu'ait pu imaginer la corruption humaine.

Je vous ai représenté, Madame, ces insulaires comme industrieux; aussi existe-t-il aux Maldives un grand nombre de manufactures de tapisseries & d'étoffes, dont la plupart sont de coton, pour l'usage du peuple. Les marchandises du pays sont les cordages & les voiles de cocotier, l'huile & le miel du même arbre, & les cocos même dont on transporte chaque année la charge de plus de cent navires; le poisson cuit & séché, les écailles d'une sorte de tortues qui se nomment *Cambes*, & qui ne se trouvent qu'aux environs de ces îles & des Philippines; les toiles de coton colorées; diverses étoffes de soie, qu'on y apporte crues, fabriquées de toute sorte de grandeur, pour en faire des pagnes, des turbans, des mouchoirs & des robes. Enfin la réputation de leur induſtrie eſt ſi renommée pour toutes les marchandiſes qui ſortent de leurs îles, qu'elle leur procure en échange ce que la nature leur a refuſé, du riz, des toiles de coton blanches, de la ſoie & du coton crus, de l'huile d'une graine odoriférante qui leur ſert à ſe frotter le corps; de l'areca pour le bétel, du fer & de l'acier, des épiceries, de la porcelaine, de l'or même & de l'argent qui ne ſortent jamais des Maldives lorſqu'une fois ils y ſont entrés, parce que les habitans n'en donnent jamais aux étrangers & qu'ils l'emploient en ornemens pour leurs maiſons, ou en bijoux pour leurs parures & celles de leurs femmes.

C'est aussi avec l'argent des étrangers qu'ils frappent leur monnoie, qui n'est que d'une seule espèce. Elle se bat dans l'île de Malé, & porte le nom du Roi en caractères Arabesques. Cette monnoie consiste en pièces qu'on nomme *larins*, de la valeur d'environ huit sols de France. Au lieu de petite monnoie ils se servent de *bolys*, petites coquilles qu'il faut compter aussi parmi les richesses de ces îles. Il en sort tous les ans des Maldives, la charge de trente ou quarante navires, dont la plus grande partie se transporte dans le Bengale, où l'abondance de l'or, de l'argent & des autres métaux, n'empêche pas qu'elles ne servent de monnoie commune.

commune. Les rois mêmes & les seigneurs font bâtir exprès des magasins où ils conservent des amas de ces fragiles richesses, qu'ils regardent comme une partie de leur trésor.

Je me hâte, Madame, de quitter les Maldives. Il se présente une occasion favorable de voir la Tartarie. Quelqu'espace immense qu'il y ait à franchir, je n'en suis point effrayé : les courses les plus fatigantes me plaisent, toutes les fois qu'un pays célèbre & digne de curiosité en doit être le terme & la récompense.

LETTRE CLXIX.

De Lassa.

ME voici, Madame, hôte des Tartares Kalmouks. Plusieurs années suffiroient à peine à un voyageur pour traverser la vaste étendue des régions que renferme la grande Tartarie. Ses bornes à l'est, sont l'Océan oriental. A l'ouest elle est bordée par la mer Caspienne, & par les rivières de Jaik & de Tobolsk, qui la séparent de la Russie; au nord par la Sibérie Russe; au sud par le royaume de Karasme, les deux Bukkaries, la Chine & la Corée. Elle occupe ainsi plus de la moitié de l'Asie, de l'ouest à l'est, c'eſt-à-dire, l'eſpace de près de cent degrés de longitude entre le trente-ſeptième & le cinquante-cinquième degrés de latitude-nord.

La grande Tartarie peut ſe diviſer en deux parties ; ſavoir la Tartarie Chinoiſe, au ſud-eſt ; la Tartarie indépendante, au ſud-oueſt.

La Tartarie Chinoiſe comprend le pays des Mancheous & celui des Mogols ; ces derniers ſe ſubdiviſent en Mogols noirs & en Mogols jaunes, ou Mogols Kalkas. Les noirs ſont ſéparés des jaunes par le grand déſert appelé Chamo par les Chinois, & Coby par les Tartares.

La Tartarie indépendante comprend la plus grande moitié de la grande Tartarie. Elle s'étend depuis la mer Caspienne & la rivière Jaïk, du soixante-douzième degré de longitude, vers le Mont-Altay, jusqu'au cent dixième degré ; & du quarantième jusqu'au cinquante-deuxième de latitude. Les géographes lui donnent six cens lieues de longueur de l'ouest à l'est, & six cens cinquante dans sa plus grande largeur du sud au nord. Ils la divisent en trois provinces, savoir le pays des Kalmouks, celui des Usbecks & le Turkestan.

La terre des Eluths ou Kalmouks, située dans le plus beau climat du monde, est d'une bonté & d'une fertilité extraordinaires dans toutes ses parties; mais quoique la plupart des grandes rivières de l'Asie en tirent leurs sources, elle manque d'eau dans une infinité d'endroits, parce que c'est peut-être la plus haute terre du globe; & cet inconvénient rend inhabitable tout autre lieu que les bords des lacs & des rivières.

Je ne compte point faire, Madame, un assez long séjour dans cette partie de la Tartarie indépendante pour vous donner une description détaillée du pays immense habité par les Tartares Kalmouks; & comme dans tous mes voyages, je me suis attaché sur-tout à connoître les caractères, les mœurs & les usages des Etats que j'ai parcourus, ce font auffi les nations qui m'ont préfenté le plus d'obfervations à faire dans ce genre, que j'ai été plus curieux de vifiter. Le pays des Kalmouks eft peu digne, fous ces rapports, de l'attention d'un voyageur. On y rencontre prefque par-tout les mêmes caractères, les mêmes mœurs, les mêmes ufages, les mêmes animaux, & dans fa plus grande partie, les mêmes productions. Cette nation fe divife en une multitude de tribus, & en vous faifant l'hiftoire d'une tribu particulière, je vous ferois celle du peuple entier. Mais je m'apperçois que ce préambule ne vous fatisfait pas. Des Tartares, des Kalmouks ; ces noms feuls fuffisent pour exiter la curiosité : & le Grand *Lama*.......c'en est trop ; je vois qu'il est inévitable de parler des Kalmouks, & sur-tout de leur vénérable pontife.

Les Kalmouks sont d'une taille médiocre, mais bien prise & très-robuste. Ils ont la tête fort grosse & fort large, le visage plat, le teint olivâtre, les yeux noirs & brillans, mais trop éloignés l'un de l'autre & peu ouverts quoique très-fendus. Ils ont le nez plat & presque de niveau avec le reste du visage ; de sorte qu'on n'en distingue guère que le bout, qui est aussi très-plat, mais qui s'ouvre par deux grandes narines : leurs oreilles sont fort grandes, quoique sans bords ; ils ont peu de barbe ; leurs cheveux sont noirs ; leur bouche est assez petite, mais ornée de dents aussi blanches que l'ivoire, & leur taille est bien proportionnée. Les femmes ont à peu près les mêmes traits, mais moins grands. Elles sont la plupart d'une taille agréable & très-bien prise.

La nation des Eluths ou Kalmouks est aujourd'hui partagée en trois branches ; 1°. les Kalmouks Songaris ou Jongaris ; 2°. les Kalmouks Torgantis ; 3°. les Kalmouks Koshatis ou de Kohonor. La première de ces trois branches est la plus considérable & la plus puissante. Elle est composée d'un nombre infini de hordes ou de tribus particulières, qui reconnoiſſent l'autorité d'un Kan, nommé Kontayki, c'eſt-à-dire, le grand Kan des Kalmouks ou des Eluths.

Les Kalmouks Koshatis poſsèdent entièrement le royaume de Tangut, & ſont ſujets du Dalay-Lama ou Grand-Lama, qui les gouverne par le miniſtère de deux Kans; l'un chargé du Gouvernement de Tangut, l'autre de celui du Tibet.

La branche la moins conſidérable eſt celle des Kalmouks Torgantis.

Le Tibet eſt une partie conſidérable du pays des Kalmouks. C'eſt cette heureuſe région que le Grand-Lama honore de ſa réſidence. Malgré cette prérogative & malgré son étendue, à peine remarquoit-on le Tibet sur nos cartes, avant celles qui ont été publiées par Delisle. Ce pays y étoit représenté comme une espèce de désert étroit, situé entre l'Inde & la Chine, sans villes, sans rivières & sans montagnes, quoiqu'il n'y ait aucune partie de l'Asie où les montagnes & les rivières soient en plus grand nombre.

Cette contrée que les Européens nomment Tibet, est connue sous plusieurs noms différens chez les orientaux ; mais *Lassa* ou *Lasa* en étant la plus riche & la plus agréable partie, sans compter la distinction qu'elle tire de la résidence du Grand-Lama, les voisins ne donnent ordinairement d'autre nom à tout le pays que celui de Laſſa.

Le Tibet eſt bordé au nord par le pays de Kohonor, & par le grand déſert de ſable qui le ſépare de la petite Bukkarie ; à l'eſt par la Chine ; à l'oueſt par l'Empire Mogol ou l'Indoſtan, & par la grande Bukkarie ; au ſud par le même Empire, par le royaume d'Ava, & d'autres pays qui appartiennent à la péninſule de l'Inde au-delà du Gange.

La terre du Tibet eſt généralement fort élevée. Les montagnes qui ſont en fort grand nombre, ſont beaucoup plus hautes du côté de l'eſt, vers la Chine, que du côté de l'oueſt. Cette hauteur de la terre rend de ce côté le pays très-froid pour sa latitude ; mais lorsqu'on descend des montagnes, & qu'on entre au Tibet, l'air est beaucoup plus tempéré.

LETTRE CLXX.

De Lassa.

Recueillez-vous, Madame, je vais vous révéler les mystères du Grand-Lama. Le principal objet du culte dans le Tibet est le même auquel les Chinois donnent le nom de *Fo*, & les Lamas du Tibet celui de *La*. Tout le monde sait que Fo ou La ne cesse pas de vivre & d'être corporellement présent dans la personne du Dalay-Lama.

Cette divinité est représentée sous une figure qu'on nomme Manipe; on lui donne neuf têtes placées de manière qu'elles se terminent en cône d'une monstrueuse hauteur. C'est devant cette idole que le peuple observe ses rites sacrés avec des mouvemens & des danses ridicules, en répétant plusieurs fois, *ô Manipe mihum*, ce qui signifie précisément, seigneur, ayez pitié de nous.

Le Grand-Lama, qui passe pour le dieu Fo incarné, porte dans le pays le nom de Lama-Konju, ou de Père Eternel. Il prend aussi les titres de Dalay-Lama, ou de Lama des Lamas; ces derniers titres ne regardent que son office ecclésiastique ; mais en qualité de dieu, on le nomme Père Eternel & on lui attribue toutes les perfections de la divinité, sur-tout la science universelle, & la connoissance des plus intimes secrets du cœur. Ces peuples croient que Fo ou La vit en lui ; ils sont persuadés qu'il est immortel, que lorsqu'il paroît mourir, il ne fait que changer d'habitation, qu'il renaît dans un corps entier ; & en effet, pour perpétuer cette erreur, les Lamas cherchent dans tout le royaume quelqu'un dont la figure ait beaucoup de ressemblance avec celle du mort & l'appellent à sa succession.

Le Grand Lama se tient assis

dans un profond appartement de son palais, orné d'or & d'argent, illuminé d'un grand nombre de lampes, sur une espèce de lit couvert d'une précieuse tapisserie. En approchant de lui, ses adorateurs se prosternent, baissent la tête jusqu'à terre, & lui baisent les piés. Le Pontife chrétien n'est pas mieux traité.

Vingt mille Lamas habitent le pied de la montagne de Putola, où le Lama-Dalay fait sa résidence. Ils environnent cette montagne en demi-cercles, à différens degrés de proximité, suivant que leur rang ou leurs dignités les rendent plus ou moins dignes de s'approcher de leur père céleste.

Les Kans & les autres princes ne font pas plus difpenfés de cette adoration que les plus vils fujets, & n'en font pas traités avec moins de hauteur. Il ne fe remue pas pour les recevoir; il ne leur rend pas leur falutation; la feule faveur qu'il daigne accorder, eft de mettre la main fur la tête de fes adorateurs.

Tous les Souverains qui font profeffion de fon culte, ne manquent point en montant fur le trône, de lui envoyer des ambaffadeurs avec de riches préfens pour demander fa bénédiction, qu'ils croient néceffaire au bonheur de leur règne.

Le Grand-Lama ne jouiffoit autrefois que d'une puiffance fpirituelle; mais par degrés il eft devenu prince temporel, sur-tout depuis que le Kan des Eluths l'a mis en possession d'un riche patrimoine. N'admirez-vous pas dans les progrès de l'autorité du Grand-Lama une conformité frappante avec la marche d'une autre cour spirituelle, non moins ambitieuse, mais plus politique?

Il n'existoit pas peut-être de religion plus étendue que celle du Grand-Lama. Outre le Tibet qui en est le centre, elle s'étoit répandue dans toutes les Indes, à la Chine, & dans la Tartarie occidentale, d'une extrêmité à l'autre. Mais les provinces des Indes & de la Chine ont secoué depuis plusieurs siècles le joug du Grand-Lama, &

se sont fait des prêtres qui ont donné une autre forme à leur religion, suivant leur intérêt & leur caprice. Cependant son domaine est encore si vaste qu'il est obligé d'établir des vicaires ou des légats qui tiennent sa place, & qui se nomment *Kotuktus*. Ces légats au nombre de deux cens, sont choisis entre les principaux disciples; les Lamas regardent comme un bonheur insigne d'être élevés à cette dignité qui donne tant de prérogatives, que plusieurs se sont rendus indépendans du Grand-Lama.

Il règne au Tibet une espèce d'hiérarchie pour le maintien de la discipline & du bon ordre. Elle est composée de divers officiers qui répondent à nos archevêques, à nos évêques & à nos prêtres : on y voit aussi des abbés & des abbesses, des prieurs, des provinciaux & d'autres supérieurs dans les mêmes degrés, pour l'administration du clergé régulier.

La couleur de l'habillement du Grand-Lama est rouge ; les autres Lamas portent le jaune. Ils sont vêtus d'une étoffe de laine. Outre le chapeau, ils portent divers ornemens de tête suivant le degré de leurs dignités. Le plus remarquable est celui qui ressemble à la mitre de nos évêques, mais il est fendu par-devant. Ils se rasent de fort près la tête & la barbe ; & ils ont sans cesse entre les mains un grand chapelet de corail ou d'ambre jaune qu'ils tournent continuellement dans leurs doigts, en récitant des prières.

Plusieurs princes du Tibet se font honneur de porter l'habit des Lamas, & prennent le titre d'officiers du Grand-Lama. La dignité de Lama n'est pas limitée aux seuls habitans du Tibet ; les Chinois & les Tartares en sont également avides, & ils font le voyage de Lassa pour l'obtenir.

Le nombre des Lamas est incroyable ; il y a peu de familles au Tibet qui n'en ait un. Les règles de cette profession sont très-pénibles & très-multipliées ; mais ils ont trouvé l'expédient commode de partager entr'eux le fardeau, c'est-à-dire que chacun se borne à la pratique de quelque devoir particulier. Cependant ils observent tous le célibat ; tous renoncent aussi aux grandeurs & aux fonctions temporelles.

Cette renonciation a suivant les apparences, ses restrictions mentales au Tibet comme dans plusieurs contrées de l'Europe ; car les Lamas gouvernent les princes ; ils occupent les premières places dans les assemblées ; ils exercent une autorité absolue sur leurs sectateurs, qui leur donnent aveuglément ce qu'ils ont de plus précieux ; enfin l'on peut appliquer à la divinité des Tartares, les vers du bon homme :

Fo prodigue ſes biens,
A ceux qui font vœu d'être ſiens.

Parmi la multitude prodigieuſe de Lamas, il en eſt cependant qui méritent une diſtinction particulière. Tels ſont en grand nombre, les Lamas de la Tartarie. Ils enſeignent, & même ils pratiquent trois grands devoirs fondamentaux de la religion & de la morale, qui ſont d'honorer Dieu, de n'offenſer perſonne, & de rendre à chacun ce qui lui appartient. Ils mènent une vie régulière. La plupart d'entr'eux ſont convaincus de la néceſſité d'adorer un ſeul Dieu; ils regardent le Dalay-Lama & les Kotuktus comme ſes ſerviteurs,

& les images qu'ils honorent, comme des repréſentations de la divinité ou de quelques ſaints perſonnages que l'on n'expoſe, diſent-ils, à la vue du peuple, que pour lui rappe'er les idées du devoir.

Quoique les autels du dieu Fo ſoient renverſés dans une grande partie de la Chine, il y conſerve encore beaucoup de temples. Ses miniſtres y jouiſſent même d'une grande conſidération & d'une grande opulence. L'Empereur en honore pluſieurs de la dignité de Mandarins. Ce prince ſe ſert de cette voie, pour attacher à ſes intérêts le Grand-Lama, dont il connoît l'aſcendant ſur tous les Tartares.

LETTRE CLXXI.

De Laſſa.

Les Eluths ou Kalmouks (& je dois vous obſerver, Madame, que le dernier nom n'eſt qu'un ſobriquet que les Tartares Mahométans ont donné aux Tartares idolâtres) ſont, comme je vous l'ai déjà dit, diviſés en hordes ou tribus qui s'appellent auſſi *aymak*. Chaque horde eſt compoſée d'un nombre de familles plus ou moins grand, qui campent enſemble & qui ne ſe ſéparent point du corps ſans en avertir leur chef. Tous les Tartares de quelque pays qu'ils ſoient & quelque religion qu'ils profeſſent,

professent, grossiers ou polis, d'une naissance commune ou distinguée, ont une exacte connoissance de la tribu dont ils descendent, & conservent soigneusement ce souvenir de génération en génération.

Chaque tribu a son chef particulier, qui se nomme Taiki. Il est choisi dans la même tribu; & si quelque accident ne trouble pas l'ordre de la succession, cette dignité se conserve d'aîné en aîné dans la race du fondateur. Les Tartares n'ont pas d'autres maîtres; & les richesses étant partagées également entr'eux, il n'y a pas d'autre différence entre les chefs de tribus que celle du mérite personnel, ou du nombre des familles dont la tribu est composée. Ces chefs sont cependant soumis à leur Kan, c'est-à-dire à un Souverain dont ils sont les vassaux, & qui prend parmi eux ses conseillers & ses généraux.

A la mort d'un Kan, tous les princes de la famille régnante, & les chefs des tribus, qui sont sous la même domination, s'assemblent dans le lieu où le Kan faisoit sa résidence, pour lui choisir un successeur. Le choix tombe difficilement sur les enfans du mort, car c'est le plus âgé de tous ces princes qu'on a coutume d'élire, à moins qu'il ne soit exclus par quelque défaut personnel. La force & l'usurpation troublent quelquefois cet ordre, mais plus rarement parmi les Tartares idolâtres qu'entre les Mahométans.

Le Kontaiky, Kan des Eluths, habite continuellement sous des tentes, à la manière de ses ancêtres, quoiqu'il possède la petite Bukkarie & ses dépendances, où les villes sont en assez grand nombre. Cependant lorsque ses affaires l'appellent dans cette région, il choisit pour sa résidence la ville de Yerkien ou Yarkan.

Je n'ai pu résister à la curiosité de voir un camp Tartare, en temps de guerre, & j'ai différé mon départ pour jouir de ce spectacle.

Un camp Tartare n'a pas moins d'une lieue de tour. Il est divisé en plusieurs quartiers, en places publiques & en rues : c'est une ville peuplée de soldats. On en voit sortir en moins d'une demi-heure, jusqu'à quinze mille hommes de cavalerie. Le quartier du Kan est au centre. Ses femmes sont logées dans de petites maisons de bois qui peuvent être abattues dans un instant, & que l'on charge sur des chariots lorsque l'on change de pays.

Les armes principales des Kalmouks sont de grands arcs & des flèches proportionnées, qu'ils tirent avec autant de vigueur que de justesse. Ils ont aussi des arquebuses de plus de six pieds de long, dont le canon a plus d'un pouce d'épaisseur; & quoiqu'ils se servent d'une mêche pour y mettre le feu, leurs coups sont sûrs à six cens pas. Comme ils ne font jamais la guerre qu'à cheval, ils ont presque tous des lances, & la plûpart portent des cottes de maille & des calottes de fer; leurs commandans & quelques autres ont des sabres à la Chinoise. Chaque horde est ordinairement commandée par son chef, de sorte qu'une troupe de cavalerie Tartare est plus ou moins nombreuse, suivant la force des hordes qui la composent.

La plupart des Tartares en montant à cheval, suspendent leurs arcs au côté gauche, dans une espèce d'étui; ils portent leur carquois au dos. Leur habileté eſt égale à tirer en fuyant ou en avançant ; auſſi aiment-ils mieux attaquer à quelque diſtance que de près, à moins qu'ils n'aient beaucoup d'avantage. Cette manière de combattre n'exclut pas cependant chez eux la bravoure. Ils ſont doués de cette vertu guerrière, & il ne leur manque que la diſcipline de l'Europe, pour être véritab'ement redoutables.

Les Kalmouks & la plus grande partie des-Mogols n'exercent pas l'agriculture. Ils ne ſubſiſtent que de leurs troupeaux, & c'eſt la raiſon qui les empêche de ſe fixer dans une même demeure. Ils changent de camp à chaque ſaiſon.

Chaque horde a son canton dont elle habite la partie méridionale en hiver, & la septentrionale en été. Leurs troupeaux consistent en chevaux, en chameaux, en bœufs, en vaches & en moutons. Leurs chevaux sont renommés pour le feu & la vîtesse; leur taille est à-peu-près celle des chevaux Polonois; les bœufs sont plus grands que ceux de l'Ukraine & les plus grands du monde connu. Les moutons sont aussi très-gros; leur queue est fort courte, & comme ensevelie dans une masse de graisse qui pèse plusieurs livres; leur laine est longue & grossière; ils ont une bosse sur le nez comme les chameaux, & les oreilles pendantes.

Les chameaux sont forts & robustes; ils ont deux bosses sur le dos & sont de l'espèce des dromadaires.

La chair de cheval & de mouton sert de nourriture ordinaire aux Kalmouks; ils la préfèrent à celle des bœufs & des veaux; & jamais ils ne mangent de porcs ni de volaille. Leur boisson est le lait de jument dont ils font une sorte d'eau-de-vie qu'ils nomment airak, à l'imitation des Indiens, qui donnent ce nom à toutes les liqueurs fortes. L'usage du lait de jument s'est indroduit dans la Tartarie, parce que les vaches ne se laissent pas traire dans ce pays; elles nourrissent cependant leurs veaux, mais aussitôt qu'ils sont sevrés, elles ne souffrent plus qu'on touche à leurs mamelles. Les Tartares, en général, sont passionnés pour les liqueurs fortes. Ceux qui peuvent s'en procurer, ne cessent pas d'en boire aussi long-tems qu'ils peuvent se soutenir. Ils n'ont pas moins de passion pour le tabac.

Si les troupeaux des Kalmouks font la seule subsistance de cette nation, ils servent aussi à la plus grande partie de son habillement. Les hommes portent des chemises de *kitayka* ; le reste de leur vêtement est de peau de mouton, dont ils mettent en hiver la laine en dedans, afin de leur donner plus de chaleur. Ils se couvrent la tête d'un petit bonnet rond, couronné de soie ou de crin d'un rouge éclatant, & bordé de peau; leurs bottes, qui sont d'une grandeur excessive, les incommodent beaucoup en marchant.

L'habillement des femmes n'est pas fort différent. Elles portent en été une longue chemise de kitayka, & pendant l'hiver une longue peau de mouton, avec un bonnet ressemblant à celui des hommes.

Les Eluths, quoiqu'ils aiment la guerre, sont cependant attachés aux principes naturels de la morale. Ils ne vivent point de pillage, comme les Tartares mahométans, leurs voisins, avec lesquels ils sont toujours en guerre.

La polygamie chez eux n'est

point un cas pendable. Les Tartares idolâtres sont même plus libres que les Tartares mahométans dont les loix restreignent le mariage à certains degrés ; les payens au contraire peuvent épouser leurs plus proches parentes à l'exception seulement de leur mère. Le mariage d'un père avec sa fille n'est pas extraordinaire parmi eux ; mais un usage barbare de ces peuples est celui de regarder leurs femmes, du moment qu'elles ont atteint l'âge de quarante ans, comme autant de servantes auxquelles ils accordent la subsistance, pour prendre soin de leurs maisons & des jeunes femmes qui leur succèdent.

C'est sans doute par une suite

de cet usage que les enfans ne rendent point à leur mère le même respect qu'ils rendent à leur père. La mort d'un père est la plus grande des afflictions dont ils soient susceptibles. Leur deuil est long & rigoureux. Ils renoncent à toutes sortes de plaisirs & même au commerce de leurs femmes. La piété filiale se manifeste également par l'éclat qu'ils donnent aux funérailles ; enfin l'on regarderoit comme impie le fils insensible qui se dispenseroit d'aller, au moins une fois l'année, répandre des pleurs sur le tombeau paternel.

Le changement continuel de demeure fait que le nombre des habitations fixes est très-rare dans cette

cette partie de la Tartarie. Aussi n'y rencontre-t-on guère que des huttes ou des tentes. Les tentes des Eluths, ainsi que celles de presque tous les Tartares, sont rondes & soutenues par de grands pieux d'un bois léger, joints avec des courroies de cuir, pour être plantés ou remués plus facilement; ils les couvrent d'un feutre épais qui les défend contre le froid & le mauvais tems. Une ouverture pratiquée au milieu du toît leur sert tout-à-la-fois de fenêtre & de cheminée. Le foyer est directement au-dessous, & les lits autour de la hutte. Les Kans & les personnes de distinction ont des logemens plus spacieux & plus commodes;

ils ont aussi pour l'été des grandes tentes de kitayka, & pour l'hiver des fourreaux de planches, revêtus de feutre qui peuvent être dressés ou abattus en moins d'une heure. Les habitations fixes ne diffèrent guère des habitations mobiles, que par une espèce de toît élevé en forme de dôme. Elles ont toutes leur porte au sud pour les garantir des vents du nord dont le souffle est perçant dans toute la grande Tartarie.

Vous jugez bien qu'un peuple errant & aussi simple dans ses usages n'est point un peuple commerçant. Les Kalmouks ne ressentent point ce besoin des nations policées. Aussi tout leur commerce se bornet-il à faire des échanges de leurs bestiaux avec les Russes, les Bukkariens & leurs autres voisins. Il est cependant un peu plus étendu au Tibet que dans les autres terres des Eluths ; le musc, la rhubarbe, la barbotine & les fourjures, que ce pays produit en assez grande abondance, font de Lassa une province assez commerçante, en la comparant aux autres habitations des Tartares. Lassa est aussi la seule contrée du Tibet où l'on batte monnoie.

Les autres arts ne font pas mieux cultivés chez les Kalmouks que le commerce & l'agriculture. Les Eluths font à cet égard ensevelis dans la plus profonde ignorance.

Au surplus ce peuple appuyeroit fortement l'étrange système adopté par l'éloquent Génevois, car l'innocence règne parmi les Tartares Idolâtres, qu'il faut bien se garder de confondre avec les Tartares Mahométans. Ceux-ci mettent leur gloire à piller les marchands qui tombent entre leurs mains, tandis qu'on peut voyager en liberté chez les Eluths ou chez les Mogols.

Comme ils n'ont besoin que de leur propre famille pour la garde de leurs troupeaux qui composent toutes leurs richesses & le fonds de leur subsistance, ils ne cherchent point à se procurer d'autres esclaves que ceux qui leur tombent en partage par le sort des armes;

encore la guerre est-elle chez eux toujours défensive. Les Tartares Mahométans au contraire la portent presque toujours chez leurs voisins, dans l'unique vue d'amasser des esclaves dont ils font un continuel trafic. Leur avidité est si grande qu'à défaut d'autres esclaves, ils vendent jusqu'à leurs enfans, sur-tout leurs filles lorsqu'elles ont quelque beauté, & même leurs femmes au moindre sujet de mécontentement. Tant il est vrai que les sectateurs de cette religion se ressentent par-tout du lieu qui donna la naissance à leur célèbre fondateur.

LETTRE CLXXII.

De Bokkara.

J'AI quitté les Eluths, Madame, sans avoir eu la satisfaction d'honorer le Grand-Lama. Il est invisible pour les étrangers, & n'ayant senti aucun desir de me faire naturaliser chez les Kalmouks, je me suis rendu à Bokkara capitale de la grande Bukkarie.

Cette province compose avec le Karasm, que l'on nomme aussi Carism, le pays des Usbecks qui forme, ainsi que vous l'avez vu, la seconde division de la Tartarie indépendante.

Le Karasm est un long espace

de terre situé entre le trente-neuvième & le quarante-sixième degré de latitude. Il s'étend à l'ouest depuis le Grand-Kobi ou le Désert, jusqu'à la mer Caspienne ; ou plutôt cette région n'est elle-même qu'un vaste & sablonneux désert entremêlé de montagnes & de plaines fertiles, qui sont redevables de cette fertilité à trois rivières & à un grand lac, dont le Karasm est baigné. Les trois rivières sont l'Amu, le Khesel, & le Sir.

L'Amu produit en abondance toutes sortes de poissons, & l'univers n'a rien de plus charmant que ses bords. On y voit croître ces melons si vantés pour leur excellence, & d'autres fruits délicieux qu'on transporte en Perse, aux Indes & dans la Russie.

Le Khesel, qui est l'Oxus des anciens, sort des montagnes qui sont au nord-est de la province de Samarkand, & tournant au nord-ouest entre l'Amu & le Sir, tombe dans le lac d'Aral, à cinquante ou soixante milles de sa jonction avec l'Amu.

Le lac d'Aral, c'est-à-dire des aigles, est un des plus grands lacs de l'Asie septentrionale. Ses eaux sont extrêmement salées, mais elles ne laissent pas de nourrir en abondance les mêmes espèces de poisson qui se trouvent dans la mer Caspienne, avec laquelle il ne paroît pas néanmoins qu'il ait aucune communication.

Le nom d'Usbeks, qu'on donne indifféremment aux Tartares du Karasm & à ceux de la grande Bukkarie, leur vient d'Usbekkan l'historien, un de leurs princes. Vous remarquerez que cet usage de prendre le nom d'un prince chéri de ses sujets, a toujours été en honneur parmi les habitans de la Tartarie. C'est ainsi que Tatarkan & Mogolkan ont donné leurs noms aux Tartares & aux Mogols.

Les Usbeks sont Mahométans, ainsi que les habitans de la grande Bukkarie. Ils vivent de leurs bestiaux & sur-tout de leurs rapines. Ils choisissent pour conduire leurs troupeaux, des endroits favorables à leurs incursions. Pendant l'hiver ils se retirent dans l'enceinte des villes & des villages qui sont au centre du pays, mais en été ils campent aux environs de l'Amu, & se répandent sur les terres de Perse, qu'ils dévastent continuellement. En vain leurs voisins compteroient-ils sur la foi des traités, ce peuple les enfreint à chaque nouvelle occasion de pillage. Aussi les Kalmouks pour se préserver des courses des Usbeks, n'ont-ils trouvé d'autre moyen que de s'éloigner des frontières de ces brigands au commencement de l'été.

Dans l'histoire ainsi que dans les voyages, le récit des petits brigandages n'est pas fait pour intéresser ; je vais donc achever de vous faire connoître dans une courte narration le reste des Tartares Mahométans, pour vous conduire ensuite dans la Tartarie Chinoise, la patrie du fameux Gengiskan.

LETTRE CLXXIII.

De Bokkara.

Bukkarie est un mot Mogol, qui renferme l'idée d'homme savant; & c'est en effet, Madame, dans la province de Samarkand, dévendante de la Bukkarie, que vont étudier ceux qui veulent s'instruire dans les langues & les sciences.

La grande Bukkarie, que l'on nomme auſſi Bokkarie, & qui paroît comprendre la Sogdiane & la Bactriane des anciens, avec leurs dépendances, eſt ſituée entre le trente-quatrième & le quarante-ſixième degré de latitude. Sa longueur eſt d'environ ſept cens ſoixante milles de l'oueſt à l'eſt, & ſa largeur de ſept cent vingt du ſud au nord.

Cette contrée eſt le plus beau & tout-à-la-fois le plus riche pays de l'Aſie ſeptentrionale. On diroit que la nature ne lui a rien refuſé pour en rendre le ſéjour agréable. Ses vallées ſont d'une fertilité ſurprenante en toutes ſortes de fruits & de légumes ; ſes rivières produisent une abondance incroyable d'excellent poisson; & des mines très-riches sont renfermées au sein de ses montagnes. Mais ses féroces habitans, insensibles à tant d'avantages, aiment mieux piller & massacrer leurs voisins que d'employer un travail médiocre pour cultiver les dons que leur a faits la main libérale de la nature.

On divise la grande Bukkarie en trois grandes provinces; celle de Bukkarie, proprement dite; celle de Samarkand & celle de Balk.

C'est à Bokkara, capitale de la Bukkarie, que réside le chef de la religion, dont l'autorité est plus respectée que celle du Kan même. Cette ville est fort grande; ses murs assez élevés, sont de terre, ainsi que la plupart des maisons. La pierre est réservée pour les temples & les édifices publics; ils sont bâtis & dorés somptueusement; les bains, sur-tout, méritent la réputation que leur ont donnée certains voyageurs.

Le pays de Samarkand, situé à l'est de la Bukkarie, & au nord de Balk, ne présente plus maintenant que les ruines des villes florissantes dont il étoit autrefois rempli. La principale, qui porte le nom de cette province, n'a pas été exempte de cette décadence générale. Cependant elle est encore très-grande & bien peuplée. Ses édifices ressemblent à ceux de Bokkara. J'y ai remarqué néanmoins plus de maisons construites en pierre, sans doute à cause de quelques carrières qui se trouvent aux environs. L'Académie des Sciences de Samarkand est une des plus célèbres & des plus fréquentées de tous les pays Mahométans. Vous me pardonnerez, sans doute, de n'avoir assisté à aucune de ses séances.

La situation de Samarkand que traverse une rivière qui se jette dans l'Amu, ainsi que les productions du pays, en feroient aisément une ville commerçante ; mais il faudroit que les tartares Mahométans renonçassent à leur paresse & à leur vie vagabonde. C'est à

Samarkand néanmoins que se fabrique le plus beau papier de l'Asie, fort recherché des peuples du Levant.

La province de Balk est la plus riche de celles qui composent la Bukkarie, quoiqu'elle en soit la plus petite. Elle doit entièrement cet avantage à la culture de son terroir extraordinairement fertile, & à l'industrie de ses habitans. Balk, la plus considérable de toutes les villes possédées par les Tartares Mahométans, est située vers les frontières de la Perse, sur la rivière de Desask. Elle est grande, belle & bien peuplée; ses bâtimens sont de pierre ou de brique, & ses fortifications consistent en gros boulevards de terre, environnés d'un bon mur.

Une belle rivière traverse les fauxbougs de Balk & contribue, sans doute, aux avantages de son commerce. Mais la plus grande source de son opulence, vient de la liberté parfaite dont jouissent les étrangers dans cette capitale; il faut observer encore que les Kans de Bukkarie se contentent de droits très-modiques sur les marchandises d'importation; ils n'en exigent pas même de celles qui passent par le pays. Vous voyez, Madame, que le code commerçant de ces Tartares est une critique amère de celui de certaines nations très-éclairées: vous pouvez même vous livrer à cette opinion avec d'autant plus de confiance, qu'on ne voit pas à Balk de compagnie qui jouisse de privileges exclusifs, & que ces barbares n'ont point de fermiers généraux.

On distingue encore dans la province de Balk, la ville de Badasghan ; elle est renommée par son ancienneté & par sa situation. Cette ville sert de prison à ceux dont le Kan de Bukkarie veut s'assurer. On trouve dans ses environs des mines d'or, d'argent & de rubis; ses habitans, outre ces richesses, recueillent encore, au pied des montagnes où elle est située, une quantité considérable de poudre d'or & d'argent dans les torrens qui tombent en abondance, lorsque les neiges commencent à s'écouler.

Les trésors renfermés dans ce pays l'ont exposé souvent aux incursions de ses voisins. Les Bukkariens ont souvent changé de maîtres ; mais il est aisé de reconnoître les vaincus & les vainqueurs.

Les Bukkariens naturels du pays sont d'une taille ordinaire, mais bien prise ; ils ont le teint fort blanc pour le climat. La plupart ont les yeux grands, noirs & pleins de feu, le nez aquilin, les joues bien conformées, les cheveux noirs & très beaux, la barbe épaisse ; en un mot, ils n'ont rien de la difformité des Tartares leurs conquérans. Les femmes Bukkariennes font généralement grandes & bien faites ; elles ont auſſi le teint & les traits d'une égale beauté.

Toutes les villes de la grande & de la petite Bukkarie, depuis les frontières du Karaſm juſqu'à la Chine, ſont habitées par les Bukkariens. Ils payent régulièrement un tribut aux Kalmouks & aux Tartares Usbeks. Cet aſſujettiſſement les rend extrêmement mépriſables aux yeux des Tartares.

Il eſt aiſé de juger par le tribut que payent les Bukkariens, que la diviſion de la Bukkarie en grande & petite, ne provient que du partage qu'en ont fait les conquérans.

La première est possédée par les Tartares Usbeks ; les Kalmouks ont soumis la seconde.

Tous les Bukkariens professent la religion Mahométane, suivant les usages des Turcs, dont ils ne diffèrent que par un petit nombre de cérémonies. Ils exercent les arts mécaniques & le commerce, que les Kalmouks & les Tartares Usbeks leur abandonnent entièrement. Ils vont aussi en foule à la Chine, aux Indes, en Perse & dans la Sibérie, d'où ils reviennent ordinairement avec un profit considérable.

L'habillement des deux sexes, au pays des Usbeks, est le même que celui des Persans ; mais il n'a pas tant de grace. On distingue les chefs par une plume d'aîle de héron qu'ils portent sur leurs turbans.

La langue des Usbeks est un mélange de Turc, de Persan & de Mogol; cependant ils entendent fort bien les Persans & n'en sont pas moins entendus.

Ils sont armés comme les autres Tartares & se piquent d'être les plus robustes & les plus braves de toute leur nation. Et en effet les Persans qui sont naturellement courageux, les regardent avec une sorte d'effroi. Leurs femmes partagent avec eux la gloire du courage militaire, & les suivent aux combats. Mais comme ces combats ne sont le plus souvent que des incursions, c'est aux chevaux Tartares qu'il est juste d'en attribuer les succès. Leur encolure n'est pas brillante ; on ne les distingue pas non plus par cet air de fierté qui sied si bien à ce bel animal, mais ils sont légers à la course & presque infatigables.

LETTRE CLXXIV.

De Bokkara.

Pour achever, Madame, de vous donner une idée de la Tartarie indépendante, il me reste à vous parler de la petite Bukkarie & du Turkestan. Je ne fixerai pas longtems votre attention sur ce dernier pays, généralement habité par les Tartares Mahométans. Livrés entièrement à la rapine, les Turkestans enchérissent sur les autres Tartares par l'excès de leurs brigandages. En voyageant dans ces belles contrées, on ne peut se défendre d'un sentiment de tristesse, & l'on compare la nature à une mère aveugle, qui ne prodigue ses caresses qu'à un enfant ingrat.

Cette nation occupe en effet des pays délicieux. Mais la terre sans culture accuse l'ingratitude de ses farouches habitans.

Le Turkestan, mot qui signifie pays des Turcs, est divisé en deux parties, celle de l'est & celle de l'ouest. La première est occupée par les Kara-Kalpaks; elle s'étend depuis la ville de Turkesta jusqu'à la la mer Caspienne. Les Tartares de la horde nommée Kasat-Kia, occupent la seconde, qui est arrosée par l'Yemba. Les villes de ces deux parties sont situées sur le Sir ou sur les rivières qui s'y déchargent, & n'ont rien de remarquable que la beauté de leurs environs. Elles sont désertes pendant l'été. L'usage de tous les Turkestans est de camper pendant cette saison dans les endroits favorables à leurs incursions. Il paroît que ces peuples n'observent pas mieux les cérémonies de leur religion que les principes de la loi naturelle; car quoiqu'ils fassent profession du Mahométisme, ils n'ont ni alcoran, ni mollas, ni mosquées.

La petite Bukkarie, l'ancienne contrée des Gètes, eſt dépendante des Tartares Kalmouks. On la connoiſſoit autrefois ſous le nom de royaume de Kashgar. L'élévation de ſa terre, la hauteur de ſes montagnes & les déſerts dont elle eſt environnée, n'empêchent point que cette contrée ne ſoit aſſez fertile & bien peuplée. Elle eſt riche en mines d'or & d'argent, ces tréſors, il eſt vrai, ſont inutiles à leurs poſſeſſeurs, qui ignorent la manière de les exploiter; mais ils font un grand commerce de la poudre d'or qui ſe trouve en abondance dans cette contrée. Ils la tranſportent aux Indes, à la Chine & ſouvent juſqu'à Tobolskoy dans la Sibérie. La petite Bukkarie produit aussi beaucoup de musc, toutes sortes de pierres précieuses, & même le diamant, que les Bukkariens vendent brut, l'art de le polir leur étant inconnu.

J'ai été frappé de rencontrer dans les habitans de la petite Bukkarie des principes qui semblent tenir à une intelligence supérieure à celle que l'on peut présumer de ces peuples. Croirez-vous, par exemple, que la tolérance existe parmi eux; que, bien que la religion Mahométane soit la dominante, toutes les autres y jouissent d'une liberté entière ? S'imagineroit-on que des Kalmouks fussent persuadés qu'il n'est pas permis d'employer la violence pour combattre la religion d'autrui ? Cependant ces peuples ont quelque notion du christianisme. Ils croient la résurrection & la réalité d'une autre vie ; mais ce seroit en vain qu'on essaieroit de les convaincre du dogme des peines éternelles. Ils rejettent bien loin cette idée effrayante, comme contraire à la bonté de l'être suprême.

Si l'établissement des religions étrangères a souvent fait couler des ruisseaux de sang, la petite Bukkarie a été préservée de ce fléau. La main d'un seul Docteur Musulman opéra sa conversion. Je vais vous raconter ce prodige, tel que l'a conservé la tradition au milieu de ces peuples. Un des descendans de Gengiskan, nommé Togalak, fit venir un Scheik ou Docteur Musulman, & lui dit : « Il y a dans notre nation un homme » d'une force extraordinaire ; si le » Scheik a la hardiesse de lutter » contre lui, & la force de le ren- » verser, j'embrasserai sa religion ». Le Scheik s'approchant de l'*Amée* Mogol, lui donna un coup du revers de sa main sur l'estomac, & le fit tomber sans mouvement. Le Mogol après s'être relevé, se jette aux piés du Scheik & lui déclare qu'il est prêt à se faire musulman. Togalak suivit cet exemple & tous les Mogols ses sujets, au nombre de cent soixante mille, furent convertis par ce merveilleux événement.

On distingue aussi les Bukkariens par des mœurs & des usages bien différens de ceux de leurs voisins. Ces peuples ne manquent point de politesse. Leurs manières sont gracieuses pour les étrangers. Leur propreté est extrême dans les alimens. Ils font usage de nappes, de serviettes & de cuillers de bois; & c'est ce qu'on peut appeler du luxe parmi les Tartares.

Je vous ai parlé de leur intelligence pour le commerce; mais la plus courte voie pour s'enrichir dans ce pays, est celle d'avoir un grand nombre de belles filles. Les Bukkariens achètent leurs femmes à prix d'argent ; & vous concevez que le degré de beauté est le tarif des acheteurs. Il faut peut être attribuer à un rafinement de volupté une loi singulière à laquelle sont obligés de se conformer les futurs époux. Ils ne peuvent se parler ni se voir depuis le jour du contrat jusqu'à celui de la célébration. La veille du mariage une troupe de jeunes filles s'assemble le soir chez la jeune femme & passe la nuit à chanter & à danser Elles s'occupent le lendemain matin à parer la jeune épouse pour la cérémonie. Les apprêts finis, on avertit le jeune homme qui paroît bientôt, accompagné de dix ou douze de ses parens ou de ses amis.

Il est suivi de quelques joueurs de flûte, avec un Abis ou prêtre qui chante en battant sur deux petits tambours. L'adresse & la générosité du nouvel époux ne doivent pas moins éclater dans cette fête que son amour. Car il est d'usage qu'il fasse ce jour-là une course de chevaux, après laquelle il distribue plusieurs prix proportionnés à ses richesses. Ce sont ordinairement des damas, des peaux de martres & de renards, des calicos & d'autres étoffes.

LETTRE CLXXV.

De Mugden.

LA Tartarie Chinoise a donné le jour à plusieurs conquérans. C'est du sein de la Tartarie, que la Chine a vu sortir plusieurs fois ses maîtres. Ce sont les Tartares qui occupent aujourd'hui le trône de ce vaste empire. C'est parmi les Tartares, enfin, qu'a pris naissance le célèbre Gengiskan, dont le nom après plusieurs siècles, est encore respecté dans la Tartarie.

Les pays des Mancheous & celui des Mongols forment la division de la Tartarie Chinoise. On partage en trois gouvernemens les terres habitées par les Mancheous. Chin-Yang ou Moukden, le premier de ces gouvernemens, comprend tout l'ancien Lyau-Tong. Il a pour bornes au sud la grande muraille de la Chine, & n'est fermé à l'est, au nord & à l'ouest que par une palissade de bois, haute de sept à huit pieds, plus propre à marquer ses limites qu'à défendre le passage contre une armée. Le nom de muraille dont les Chinois honorent cette palissade a trompé plusieurs de nos géographes, qui ont placé mal-à-propos dans quelques cartes la province de Moukden, en-deçà de la fameuse muraille de la Chine. Ce pays contenoit autrefois plusieurs places fortifiées; mais depuis le règne des Empereurs Mancheous, elles sont tombées en ruine.

Ce gouvernement a donné son nom à la capitale que les Mancheous regardent comme la capitale particulière de leur nation. Elle est ornée de plusieurs édifices publics.

Vous avez sans doute remarqué dans l'histoire de presque tous les conquérans, que les peuples vaincus, pour peu qu'ils fussent civilisés, ne tardoient pas à communiquer leurs mœurs & leurs usages à leurs vainqueurs. Vous avez vu qu'ils étoient bientôt dédommagés du sort des armes par les arts & par l'industrie. C'est ce qui est arrivé plusieurs fois à la Chine. La dernière révolution a servi à étendre le commerce de ces peuples industrieux, & à faire passer dans leurs mains tout celui de la Tartarie. En effet, les principales villes commerçantes sont peuplées de Chinois qui s'y rendent en foule, attirés par l'espoir de l'opulence que leur promettent les productions de cette contrée. Ce sont eux qui exercent presqu'entièrement le commerce à Moukden; on ne rencontre que des Chinois, on ne voit que leur architecture dans les fauxbourgs de Fon-Whan-Ching, ville supérieure à Moukden par sa population, par l'étendue de son commerce, & que l'on regarde comme la clef du royaume de Corée.

Cependant quoique les Mancheous

cheous aient renoncé aux avantages du commerce, ils exercent à Moukden l'autorité civile & militaire. Cette ville est la résidence d'un général Tartare, qui a ses lieutenants généraux, & qui commande un corps considérable de troupes de la même nation. Les tribunaux qui font Souverains, à l'exception d'un seul nommé Lipu, ne sont composés que des naturels du pays ; & les actes qui en émanent sont écrits en langue & en caractères Mancheous.

Ce seroit ici l'occasion de vous faire une dissertation bien longue sur le génie de la langue Tartare ; mais je n'ai pas le droit de vous ennuyer, car je ne suis pas Académicien, & d'ailleurs j'ai peu fréquenté les savans Mancheous. Tout ce que j'ai pu apprendre à cet égard, c'est qu'il paroît que les Tartares sont très-attachés à leur langue naturelle, qu'ils la préfèrent à toutes les autres, & qu'ils la croient la plus élégante & la plus riche de l'univers. L'usage de la langue Mancheou, sous les premiers Empereurs Tartares, étoit aussi commun à la cour de Pékin, que celui de la langue Chinoise. Les actes publics du conseil impérial & des cours suprêmes de justice sont encore écrits dans les deux langues. Cependant le Mancheou commence à décliner ; & il se perdroit apparemment, si les Tartares zélés n'employoient toutes fortes de précautions pour le conserver.

Le second des gouvernemens Mancheous est celui de Kirin-Ula. On n'y compte que trois grandes villes ; les murs en sont de terre & les bâtimens misérables. Kirin-Ula la principale n'est remarquable que par la résidence d'un général Mancheou qui jouit de tous les privilèges d'un Vice-Roi, & qui commande également les Mandarins civils & militaires.

On distingue cependant la ville de Ninguta, ancien patrimoine des Empereurs Máncheous. C'est dans cette ville que les Tartares Yupi, qui habitent la province de Kirin-Ula, apportent le tribut de Zibelines auquel ils sont soumis. Mais ce qui fait sur-tout de Ninguta une place commerçante, c'est que la précieuse plante du gins-eng croît dans les déserts dont elle est environnée. Ces deux branches de commerce attirent dans cette ville un nombre prodigieux de Chinois des provinces les plus éloignées.

Le gins-eng, que les Chinois appellent *orotha*, c'est-à-dire la reine des plantes, est la principale richesse de la Tartarie orientale. Les vertus de cette racine sont admirables. Les Chinois y ont recours dans toutes sortes de maladies. Elle est, suivant eux, une panacée souveraine; enfin on peut juger de l'estime qu'ils en font par le prix auquel elle fe vend à Pekin. La livre de gins-eng fe vend trois livres pefant d'argent. On peut auffi attribuer en partie fa cherté exceffive, aux fatigues incroyables & aux dangers auxquels s'expofent ceux qui vont à la recherche de cette plante.

C'eft à l'entrée de l'hiver qu'on commence à la chercher. On commande ordinairement dix mille Tartares pour faire cette récolte, & après que cette armée d'herboriftes s'eft partagée le terrein fous divers étendards, chaque troupe, au nombre de cent ou de deux cens, s'étend fur une même ligne jufqu'au point marqué, en gardant de dix en dix une certaine diftance. Ils sont obligés de quitter leurs chevaux, & ne portent avec eux ni tentes, ni lits, ni aucune autre provision qu'un sac de millet séché au four. La nuit, ils se logent sous un arbre ou dans quelques huttes, qu'ils construisent à la hâte avec des feuilles & des branches. Les officiers qui campent à quelque distance, dans un lieu où le fourrage ne puisse pas leur manquer, sont instruits des progrès du travail par ceux qui sont chargés de porter aux botanistes leur provision de bœuf & de venaison. Ce sont eux qui donnent les signaux pour changer de quartiers & rallier les travailleurs. On cherche un jour ou deux ceux qui ne paroissent point au signal, ce qui arrive assez souvent, soit pour s'être égarés dans ces affreux déserts, soit pour avoir été dévorés par les bêtes féroces.

C'est ainsi que ces dix mille hommes passent six mois de l'année, depuis le commencement de l'hiver jusqu'à la fin du printems, à la recherche d'une racine dont la principale vertu est vraisemblablement de produire un grand revenu à l'Empereur de la Chine. Tout le gins-eng qu'on amasse en Tartarie chaque année, doit être porté à la douane de l'Empereur de la Chine qui en prélève deux onces pour les droits de capitation de chaque Tartare employé à cette récolte; il donne du surplus une valeur arbitraire, & fait revendre tout ce qu'il ne veut pas à un prix beaucoup plus haut. C'est en son nom qu'il se débite dans son empire; & ce débit, à raison des propriétés merveilleuses de cette plante, est toujours assuré.

La troisième division du pays habitée par les Mancheous, est le gouvernement de Tsitsikar, qui tire ce nom d'une ville neuve, bâtie par l'Empereur Kang-Hi, pour assurer ses conquêtes contre les Russes. Cette ville est défendue par une garnison Tartare, & presque tous ses habitans sont des Chinois que le commerce y attire, ou qui ont été bannis pour leurs crimes.

On trouve dans les rivières qui arrosent cette contrée, une grande quantité de perles, qui, quoique vantées par les Tartares, sont peu recherchées des Européens, parce qu'elles ont des défauts considérables dans la forme & dans la couleur. Les martres forment aussi une des principales branches du commerce de ce pays. On nomme Tartares Solons, ceux qui vont à la chasse de ces animaux. Ces chasseurs sont plus robustes, plus adroits & plus braves que les autres Mancheous. Leurs femmes montent à cheval, mènent la charrue, chassent le cerf & toutes sortes d'animaux. La chasse des martres commence au mois d'octobre, & dure jusqu'à la fin de l'hiver. Ni la rigueur de cette saison qui glace les plus grandes rivières, ni la férocité des tigres dont les chasseurs deviennent souvent la proie, ne peuvent empêcher les Solons de se livrer à ce rude & dangereux exercice, parce que toutes leurs richesses consistent dans le fruit de leur chasse. Ils sont merveilleusement secondés par l'adresse de leurs chiens, qui montent dans les lieux escarpés & connoissent toutes les ruses des martres. Les plus belles peaux sont réservées pour l'empereur qui leur en donne un prix fixe. Les autres se vendent fort cher dans le pays & sont promptement enlevées.

LETTRE CLXXVI.

De Ninguta.

Les Mancheous n'ont, Madame, ni temples, ni idoles, ni culte régulier. C'est à l'Empereur du ciel qu'ils adressent leurs prières. La vénération qu'ils rendent à leurs ancêtres est mêlée de pratiques superstitieuses. Depuis la conquête de la Chine, quelques-uns ont embrassé les sectes idolâtres; mais la plûpart demeurent fort attachés à leur ancienne religion qu'ils respectent comme le fondement de leur empire, & comme la source de leur prospérité.

Quant au gouvernement de ces

peuples, il est, ainsi que je vous l'ai déjà fait observer, entre les mains des Mancheous que l'on peut regarder comme seigneurs de toutes les nations qui habitent ces contrées. L'Empereur de la Chine en est le chef. Les différentes classes de Tartares lui payent des tributs qui consistent ordinairement dans les productions des pays qu'ils habitent.

Ainsi les mœurs des Tartares Mancheous diffèrent peu de celles des Chinois; leurs habillemens sont presque les mêmes, & l'on ne voit guère de traces de leurs anciens usages, que dans quelques classes de Tartares leurs tributaires.

Indépendamment du gins-eng,

des perles, des martres & d'autres peaux de bêtes, qui sont les objets de commerce de ces peuples, ils tirent aussi un grand profit de la quantité extraordinaire de poissons que produisent les rivières de la Tartarie Chinoise. Ceux qui habitent les bords de ces rivières, font servir ces poissons à leur nourriture & à leur habillement. L'été est la saison qu'ils emploient à la pêche, qui, pendant tout ce tems, fait leur seule nourriture. Ils ont soin d'en conserver une partie qu'ils font sécher au soleil, pour la provision d'hiver, & se servent de l'huile pour leurs lampes. Ils ont en outre l'art de préparer la peau du poisson & de la teindre de trois ou quatre couleurs. Ils excellent à la tailler & à la coudre avec tant de délicatesse qu'à la première vue on les croiroit vêtus de soie.

Le principal objet de la pêche des Tartares consiste en esturgeons. Leur estime pour ce poisson n'a point de bornes. Ils le regardent comme le premier de tous les poissons, & leur usage est d'en manger crues certaines parties, afin de profiter de toutes les vertus qu'ils lui attribuent. Mais les Tartares gourmets font encore plus de cas d'un poisson inconnu aux Européens, & qui est en effet un des poissons les plus délicieux de la nature. Sa longueur & sa taille sont à-peu-près celles d'un petit thon, mais sa couleur est beaucoup plus belle ; & sa chair rouge le distingue de tous les autres poissons.

En général le terroir de ces pays est fort bon ; il produit sur-tout dans la province de Moukden beaucoup de moutons & de bœufs ; mais ces animaux sont rares dans les autres provinces de la Tartarie Chinoise.

LETTRE CLXXVII.

Du Camp des Mogols.

Pour achever, Madame, le voyage de la Tartarie Chinoise, il falloit voir la contrée qui donna le jour au plus grand des Tartares. C'est au pays des Mongols qu'on place le berceau de Genghiskan. Ce fut-là qu'il fonda le siège de cet empire immense, dont les fastes des conquérans n'offrent peut-être aucun exemple. Ce fut-là qu'il livra des batailles sanglantes qui décidèrent du sort de plusieurs monarchies maintenant détruites. Cette portion de la Tartarie a été pendant plusieurs siècles le théâtre des plus grandes actions que l'histoire attribue aux Tartares de l'Orient & de l'Occident. Plusieurs fois elle a réuni dans son sein toutes les richesses de l'Asie méridionale. Les sciences & les arts fleurirent long-tems dans ses déserts, peuplés alors de villes puissantes dont on a peine à distinguer aujourd'hui les traces & dont les noms mêmes sont oubliés. Mais la terre des Mongols n'a rien conservé de son antique splendeur. La moitié de ses habitans rampe sous l'autorité des Lamas, & les autres se sont rendus vassaux de l'Empereur de la Chine.

Les Mongols l'emportent beaucoup sur les Mancheous, par l'étendue de leur pays & par leur nombre. On comprend sous ce nom tous les Tartares qui habitent les parties de l'ouest jusqu'à la mer Caspienne. Les Mongols tirent leur nom de Mongul ou Mungol ancien Kan de leur nation. Ils ne formoient originairement qu'une simple tribu entre celles des Tartares occidentaux; mais Gengiskan ayant subjugué toutes les autres, elles reçurent le nom de la tribu du vainqueur. La longueur de ce pays est de plus de trois cens lieues; sa largeur, du nord au sud, est d'environ deux cens.

De toutes les nations Mongoles qui dépendent de la Chine, la plus nombreuse & la plus célèbre est celle des Kalkas ou Mongols jaunes;

elle tire son nom de la rivière de Kalka, & possède des régions considérables qui s'étendent du nord au sud depuis le cinquantième degré de latitude, jusqu'à l'extrémité méridionale du grand désert de Chamo, qui est au nombre de leurs possessions. Les Kalkas y campent en hiver.

Les Kalkas furent chassés de la Chine en 1368, & quoiqu'accoutumés aux délicatesses de cet empire, ils ne tardèrent pas à reprendre la vie errante & grossière de leurs ancêtres qu'ils ont conservée jusqu'à présent. Leur religion n'est pas différente de celle des Kalmouks. Ils ont leur Kotuktu ainsi que les Mongols noirs, mais qui ne dépend pas, comme celui de ces peuples, du Dalay-Lama du Tibet. Le Kotuktu des Kalkas est le plus célèbre & le plus respecté de tous les Kotuktus. Il est regardé comme un oracle infaillible, & reçoit les mêmes honneurs que le Dalay-Lama, dont il a entièrement secoué la dépendance.

Comme les Mongols noirs ne reconnoissent d'autre puissance que celle du Dalay-Lama, l'Empereur de la Chine afin de les diviser des Kalkas qui lui sont soumis; n'a pas manqué d'embrasser l'occasion de soutenir le Kotuktu des derniers contre le Grand-Prêtre du Tibet. Aussi cette protection a-t-elle établi si bien l'autorité du Kotuktu parmi les Kalkas, que celui qui paroîtroit douter de sa divinité seroit en horreur à toute la nation. La stupidité de ces peuples ne donne pas de bornes à son pouvoir. C'est lui, suivant l'opinion commune, qui fait tomber la grêle & la pluie. En considération de cette apothéose, il a soin de contenir les Kalkas dans la soumission qu'ils rendent à l'Empereur de la Chine ; mais pour se conserver plus sûrement dans son indépendance, il fait sur-tout usage du moyen que l'on peut appeler universel, celui de s'attacher les favoris du prince par des présens ; & les courtisans de la Chine sont très-intéressés.

Les Kalkas avoient autrefois leur

Kan, mais ayant succombé dans une guerre qu'ils soutinrent contre les Eluths leurs voisins, ils implorèrent la protection de la Chine à laquelle ils se soumirent, sans devenir cependant ses tributaires. Ils furent alors divisés en trois bannières sous trois princes dont l'un est Régule du troisième ordre, le second Kong ou comte ; le troisième porte le titre de Chaffak. C'est dans ce pays que sont les haras & les troupeaux de l'Empereur. Ces troupeaux & ces haras, affermés à de petits princes Tartares, contribuent à les lui attacher. Ces princes n'ont point de droit sur les biens & la vie de leurs sujets. La connoissance des matières criminelles est reservée à l'un des Tribunaux Suprêmes de Pekin, qui porte le nom de Mogol-Chahgan ou de Tribunal des Mogols.

LETTRE CLXXVIII.

Du Camp des Mogols.

Les Mongols ne diffèrent point, Madame, des autres Tartares, soit par la difformité de leurs visages, soit par l'ignorance profonde dans laquelle ils sont ensevelis. Leurs mœurs sont grossières, mais la bonté de leur naturel rachète ce défaut. Ils sont sales dans leurs tentes, mal-propres dans leurs habits, & vivent parmi la fiente de leurs animaux, qui leur tient lieu de bois dans leurs foyers. Auſſi les Chinois leur ont-ils donné le nom de *Tſau-Ta-Tſes*, Tartares puans. L'averſion inſurmontable qu'ils ont pour le travail, leur fait mener une vie miſérable. Non-ſeulement l'agriculture eſt négligée dans la contrée des Mongols; elle y eſt même condamnée comme inutile. « L'herbe » eſt pour les bêtes, diſent-ils, & » les bêtes ſont pour l'homme ».

La ſeule ambition des Mongols eſt de conſerver le rang de leurs familles, & vous avez déjà vu que c'étoit un uſage commun parmi les Tartares. Une de leurs maximes eſt de n'eſtimer les choſes que par l'utilité, ſans aucun égard pour la rareté ou la beauté. Auſſi les Mongols

gols satisfaits de peu, sont-ils toujours disposés à la joie. Leurs jours coulent sans inquiétude, parce qu'ils n'ont ni voisins à ménager, ni ennemis à craindre, ni seigneurs à encenser, ni magistrats à solliciter. Leurs occupations ou plutôt leurs amusemens continuels, sont la chasse, la pêche ou d'autres exercices du corps, dans lesquels ils n'excellent pas moins que les autres Tartares. La polygamie ne leur est pas défendue, cependant ils n'ont pas ordinairement plus d'une femme. Ils brûlent leurs morts dont ils enterrent les cendres dans un lieu élevé. Les tombeaux ne sont pas fastueux. Ce sont des amas de pierres sur lesquels ils placent de petites bannières : ces afyles funèbres, tout fimples qu'ils font, font l'objet de leur vénération.

L'habit ordinaire des Mogols eft compofé de peaux de mouton & d'agneau dont ils tournent la laine du côté du corps. Les précautions qu'ils prennent pour préparer & blanchir ces peaux, n'empêchent pas qu'il ne s'exhale de leurs tentes une odeur infupportable, qui m'a forcé de conftruire la mienne à une diftance éloignée des leurs.

Leurs armes font la pique, l'arc & le fabre, qu'ils portent à la manière des Chinois. Leur nourriture eft femblable à celle des autres Tartares, & ils n'ont pas moins de paffion pour les liqueurs fortes & le tabac. Ils errent de place en place avec leurs troupeaux, en été près de quelque rivière ou de quelque lac, dans les endroits où ils trouvent le plus de fourrage, en hiver du côté méridional de quelque montagne où la neige leur fournit de l'eau. Leurs tentes ou leurs cabanes sont mobiles ; mais ils ont l'art d'en joindre si parfaitement toutes les parties, qu'ils se garantissent des injures du vent du nord.

Le commerce ne fleurit pas parmi les Mongols ; on ne voit arriver chez eux que les petits marchands de la Chine qui leur apportent du riz, du thé bohé, du tabac, des étoffes de coton & d'autres étoffes communes. L'échange de ces marchandises se fait en bestiaux ; car les Mongols ne connoissent point l'usage de la monnoie. Cependant ils ont encore des peaux précieuses dont les Chinois trouvent un grand débit dans l'empire. Telle est celle du chulon ou du chelason, espèce de lynx à-peu-près de la forme & de la grosseur d'un loup. La peau de cet animal est très-estimée à Pekin ; elle se vend même avantageusement à la cour du Czar, quoique le chulon soit assez commun en Russie.

L'animal le plus terrible qui infeste la Tartarie, & qui passe dans cette région ainsi que dans la Chine pour le plus féroce des animaux, est le tigre que les Tartares appellent *Lau-hu*. Son cri pénètre d'horreur ceux qui ne sont point accoutumés à l'entendre ; mais les Tartares en tirent un favorable augure. Ce qui vous surprendra, c'est que la chasse de cette bête cruelle n'entraîne presque jamais d'accidens. L'animal environné de chasseurs qui lui présentent l'épieu, s'accroupit d'abord sur sa queue & soutient long-tems l'aboiement des chiens & les coups de flèches. Enfin, lorsque sa rage s'allume, il s'élance avec une rapidité incroyable en fixant les yeux sur les chasseurs ; mais ils tiennent toujours la pointe de leurs épieux tournée vers lui, & le perçent au moment où il croit franchir la barrière qu'on lui oppose. La peau du tigre est ordinairement fauve, mouchetée de taches noires, quelquefois blanche avec des taches noires & grises. Elle est généralement estimée à Pekin.

Le Pau, autre animal féroce de ces contrées, ressemble au léopard. Il a la peau blanchâtre & tachetée de rouge & de noir. Quoiqu'il ait la tête & les yeux d'un tigre, il est moins gros & son cri est différent.

En général les terres des Mongols abondent en bêtes fauves & en toutes sortes de gibier. Le lièvre, le faisan, le daim & le sanglier y sont très-communs. Les plaines sont couvertes d'immenses troupeaux de chèvres rousses qui sont d'une vîtesse extraordinaire à la course ; on y rencontre aussi un grand nombre de dromadaires & de chevaux sauvages. Ces derniers sont si légers qu'ils se dérobent aux flèches mêmes des plus habiles chasseurs. Ils marchent en troupes nombreuses, & semblent avoir juré un mépris éternel à ceux de leurs semblables, qui ont fléchi sous le joug de l'homme. Dès qu'ils en rencontrent, ils les environnent & les forcent de prendre la fuite.

Les Mongols aiment passionnément la chasse du cerf, & la font ordinairement dans le tems de ses amours. Les chasseurs portent quelques têtes de biches & contrefont le cri de cet animal. A cet appel les plus grands cerfs ne manquent point de paroître. Ils jettent les regards de tous côtés, & découvrant les têtes de leurs compagnes, ils grattent la terre avec leurs cornes & s'avancent avec fureur; mais ils font tués par d'autres chasseurs qui sont en embuscade.

Les Tartares sont merveilleusement secondés dans ces exercices par la légèreté & l'intrépidité de leurs chevaux. Les Mongols excellent à dresser cet animal; ils connoissent parfaitement ses maladies & l'art de les guérir. Vous avez observé qu'ils n'estimoient rien que par l'utilité; c'est ainsi qu'ils préfèrent dans un cheval la force à la beauté ; & si les chevaux Tartares sont moins beaux que les Européens, ils sont peut-être supérieurs à ceux-ci par le nombre des services qu'ils rendent à leurs maîtres.

La pêche des Mongols n'est pas considérable ; ils ne jouissent pas de l'abondance extraordinaire de poissons que les Mancheous retirent de leurs rivières ; & c'est une des raisons sans doute pour laquelle ils passent pour les chasseurs les plus passionnés de la Tartarie.

Cette contrée produit une quantité d'oiseaux rares. On distingue sur-tout une espèce de héron d'une grande beauté. Cet oiseau est tout-à-fait blanc, excepté par le bec, les aîles & la queue qu'il a d'un très-beau rouge ; sa chair est délicate & a le goût de la gelinotte.

La rhubarbe, cette plante si précieuse aux enfans d'Hypocrate, est fort commune au pays des Mongols. Elle se trouve en abondance dans les terres arrosées par la rivière d'Orkon, & par celle de Selinga vers Selinghinskoi. C'est de cette ville que les Russes tirent celle dont ils font un si grand commerce avec les étrangers. Les trésoriers de Sibérie en vendent à-la-fois jusqu'à deux cens cinquante quintaux.

Telles sont, Madame, les observations qu'un voyage long & pénible m'a procurées sur la Tartarie.

Tels font aujourd'hui ces guerriers fameux qui jadis imposèrent des loix à la partie la plus grande du globe. Une ignorance profonde, une pareffe ftupide ont fuccédé aux jours de lumière & au règne des beaux arts; & fi les Tartares indépendans ont confervé du goût pour les armes, l'ufage honteux qu'ils en font les affimile à des brigands; le refte de cette nation vit dans une indolence létargique, courbé fous le joug des Lamas, ou fous celui des peuples qu'elle a vaincus.

LETTRE CLXXIX.

Du Fort de Kamtchatkoi.

IL étoit naturel, Madame, de suivre pour ainsi dire la trace des peuples que je venois de quitter. C'étoit dans la Sibérie que je devois trouver quelque ressemblance avec les Tartares, puisque, si l'on en croit les auteurs les plus accrédités, les habitans répandus dans cette vaste contrée descendent des Kalmouks & des Mongols, les nations les plus nombreuses de la Tartarie; nations, qui au rapport des mêmes auteurs, tirent leur origine de ces Scythes, si fameux par la simplicité de leurs mœurs,

la

la rusticité de leurs manières & leur valeur dans les combats.

2. Toute cette portion de l'Europe & de l'Asie, à laquelle on donne le nom de Sibérie, n'existoit pas pour le reste de la terre jusqu'à la fin du siècle dernier. C'est au Czar Pierre, avide de toutes sortes de gloire, que l'on en doit la connoissance. Ce pays immense, situé entre les cinquantième & soixante-douzième degrés de latitude, & les soixantième & cent trentième degrés de longitude, embrasse un espace de quinze cents lieues de l'Orient à l'Occident, & de quatre cents cinquante du sud au nord ; sa moindre largeur, à cause des golphes que forme la mer Glaciale,

est en quelques endroits de trois cents lieues. Il est borné au sud par la grande Tartarie, au nord par la mer Glaciale, à l'Orient par la mer du Japon, & à l'Occident par une chaîne de montagnes qui le séparent de la Russie.

La division géographique de la Sibérie renferme six provinces, qui sont Tolbosk à l'Occident ; Jakutsk au nord ; à l'Orient le Kamschatka, & Nerzinsk que les Chinois appellent Niptchou ; & au sud Irkutsk : on place au centre celle de Jeniseik.

La plus grande de ces provinces est celle de Kamschatka, qui forme une presqu'île, dont l'étendue est de plus de six cens lieues du sud au nord, & dont la moindre largeur comprend plus de cent lieues de l'Occident à l'Orient.

La terre de Kamfchatka la plus orientale de notre continent, eft en général fort ftérile. Sa furface offre par-tout des montagnes arides, des rochers nuds & des déferts fablonneux ; mais la cupidité en fait un pays précieux, parce que cette contrée femble ouvrir aux nations Européennes du nord la route des deux Indes, & leur indiquer de loin le commerce des deux plus riches parties du monde.

Ainfi l'hiftoire de Kamfchatka, comme celle des pays fauvages, eft plutôt celle des animaux que des hommes. Des monftres marins, des oiseaux aquatiques, des habitans barbares, telle est en peu de mots la description de cette presqu'île, qui occupe sur la terre une si grande étendue. Cependant les secrets de la nature & leur prodigieuse variété demandent par-tout l'attention du philosophe ; & peut-être ne lirez-vous pas sans quelque plaisir la relation de mes voyages dans ces pays qui occupent une place si moderne dans les connoissances géographiques.

Ce fut en 1648 que des Russes, partis de l'embouchure de la Lena, pénétrèrent pour la première fois dans le Kamschatka. Un Cosaque, nommé Atlassow, en commença la conquête. Cet officier chargé par le Czar Pierre de parcourir & d'examiner les côtes les plus orientales de la Sibérie n'étoit accompagné que d'une centaine de soldats. Il parvint cependant avec ce foible secours à soumettre quelques peuples sauvages ; il gagna l'amitié de plusieurs autres dont il acheta des fourrures, & vint à Moscow rendre compte de son expédition.

Le Czar étoit alors trop occupé en Europe, pour songer à sa nouvelle conquête. Ce ne fut qu'en 1625, après la paix de Neudstadt, qu'il fit partir le capitaine Beering, Danois, à qui il remit lui-même, peu de tems avant sa mort, les instructions concernant ce voyage.

La Russie ne tira aucun fruit de cette expédition ; beaucoup d'autres eurent le même sort ; cependant les Russes ont soumis par la suite une grande partie des Kamschadales, & sortant à peine de la rouille de la barbarie, ils eurent à leur tour la gloire de policer des barbares. Vous jugez, néanmoins, que les Moscovites ne s'établirent pas dans cette presqu'île sans l'effusion du sang de ses habitans. C'est presque toujours en massacrant une partie des nations barbares, que les nations civilisées sont parvenues à policer l'autre.

LETTRE CLXXX.

Du Fort de Kamſcharkoï.

Les Kamſchadales, Madame, ſont ſoumis aux Ruſſes, mais ils déteſtent leurs vainqueurs. Ils ne ſont pas moins fidèles à cette haine qu'à la conſervation de leurs mœurs & de leurs uſages. En effet, ſi les Ruſſes ont introduit le goût du luxe & quelques connoiſſances chez ces peuples ſauvages, la plus grande partie eſt encore adonnée à ſes anciennes coutumes, à ſon ancien genre de vie, à ſon ancienne idolâtrie.

Vous parlerai-je de la religion du Kamſchatka, ſi toutefois on doit donner ce nom à un mélange monstrueux du culte le plus abſurde & de la croyance la plus ſuperſtitieuſe ? On eſt cependant ſurpris de rencontrer parmi ce peuple idolâtre, quelques opinions conformes à la loi naturelle & même à la religion de pluſieurs pays éclairés. Les Kamſchadales n'ont aucune idée de l'unité de l'Etre-Suprême ; ils font tout dépendre de l'homme, & néanmoins ils croyent que le monde eſt de toute éternité, que l'ame eſt immortelle & qu'elle ſera réunie au corps & toujours ſujette aux peines de cette vie, excepté la faim.

Toutes les créatures, diſent-ils, juſqu'à la mouche la plus petite, ressusciteront après la mort & vivront sous terre. Ceux qui ont été pauvres dans ce monde feront riches dans l'autre, & ceux qui sont riches ici, deviendront pauvres à leur tour.

Si ces opinions constituoient seules la religion de cette nation sauvage, pourroit on la taxer d'extravagance ou de barbarie ? mais à l'instar des autres peuples, les Kamschadales ont créé des dieux à leur image, & les ont pris dans les bois, dans les eaux, dans les cavernes, en un mot dans les grands objets de la nature.

Les Kamschadales n'adoptent point de divinité bienfaisante ; mais en revanche, ils reconnoissent des dieux très-capables de leur faire du mal ; & ils ont donné à chacun de ces dieux un département. L'un préside aux volcans & aux fontaines bouillantes ; l'autre marche sur les nuées, d'où il verse la pluie & lance le tonnerre. Les sillons que l'ouragan imprime sur la neige sont les traces de ses pas. Il est terrible ce dieu, car il fait enlever dans des tourbillons les enfans des Kamschadales pour supporter, comme des cariathides, les lampes qui éclairent son palais. Un plus terrible encore, c'est celui des tremblemens de terre, phénomène qu'ils attribuent à une cause singulière ; car il arrive, toutes les fois que le chien de cette divinité, en traînant son maître, secoue la neige qu'il a sur le corps. Ils ont aussi un chef du monde souterrain où les hommes vont habiter après leur mort. Leurs physiciens leur ont appris que sous la terre étoit un ciel semblable au nôtre, & que sous ce ciel il existoit une autre terre dont les habitans ont l'hiver quand nous avons l'été, & leur été durant notre hiver.

C'est ainsi que les fausses notions de la nature ont engendré les fausses idées de la divinité ; c'est ainsi que la peur & l'ignorance ont toujours égaré l'homme dans la superstition. Cependant la superstition des Kamschadales n'est pas toujours aveugle & mal raisonnée.

Ils appellent bien & vertu ce qui satisfait leurs desirs & leurs besoins, faute & mal ce qui peut leur nuire.

Les magiciennes sont en honneur au Kamschatka ; elles prétendent guérir les maladies, détourner les malheurs & prédire l'avenir. Elles évoquent & chassent les démons, elles rendent des oracles & interprètent les songes. L'événement n'est contraire aux prédictions de ces sibylles, que lorsque le suppliant a négligé quelque pratique superstitieuse.

La grande fête des Kamschadales est celle de la purification des fautes. Elle se célèbre ordinairement au retour des habitans dans leurs cabanes. Toutes les cérémonies de cette fête ont de l'analogie avec les occupations & les besoins du peuple qui la solemnise ; le principal objet du culte est de supplier les vents & les élémens qu'ils daignent envoyer des baleines mortes sur les côtes du Kamschatka.

LETTRE CLXXXI.

Du Fort de Kamschatkoi.

Les mœurs des Kamschadales, Madame, sont simples & grossières; leur manière de vivre ressemble à celle des Tartares. Comme ces peuples, les Kamschadales se nourrissent & s'habillent de la peau de leurs animaux. L'ignorance règne au Kamschatka, ainsi que dans la Tartarie, & les seuls exercices de ces deux nations sont la chasse ou la pêche, qui cependant sont de plus grande nécessité pour les Kamschadales, car la terre stérile & déserte leur refuse ce qu'elle a accordé avec profusion à une grande partie des Tartares.

Les Kamschadales sont petits & basanés comme les Mongols. Ils ont les cheveux noirs, peu de barbe, le visage large & plat, le nez écrasé comme les Kalmouks. Ainsi les rapports dans le caractère & dans la stature prouvent évidemment que ces deux nations ont une origine commune, ou que l'une descend de l'autre.

Les poissons & la chair des monstres marins sont la nourriture ordinaire des Kamschadales. L'eau est leur seule boisson, à moins que les Russes ne consentent à leur donner de l'eau-de-vie, en échange de ce que ces sauvages ont de plus beau & de plus cher.

Avant que les Moscovites eussent pénétré dans le Kamschatka, le peuple entier se faisoit un habillement bigarré de peaux de renard, de chien de mer & de plumes d'oiseaux amphibies, grossièrement cousues ensemble. Mais j'ai vu plusieurs Kamschadales, les plus riches à la vérité, vêtus comme les Russes. Les femmes imitent aussi dans leurs habillemens, le luxe des femmes de Russie ; quelques-unes portent des chemises, même avec des manchettes.

Les petites maîtresses du Kamschatka poussent la propreté jusqu'à ne travailler plus qu'avec des gants qu'elles ne quittent jamais Autrefois elles ne se lavoient pas même le visage, maintenant elles se le teignent avec du blanc & du rouge; elles ont grand foin fur-tout de ne fe préfenter aux yeux d'un étranger que lavées, enluminées & parées.

Cependant quoique le luxe ait fait beaucoup de progrès chez cette nation, la plupart des habitans ont confervé l'ancienne mode de s'habiller ; & cet habillement eſt fait fans doute pour exciter la curiofité d'un Européen. Un Kamfchadale du premier ordre eſt un homme qui porte fur fon corps du renne, du renard, du chien de terre & de mer, de la marmotte, du bélier fauvage, des pattes d'ours & de loups, beaucoup de veau marin & des plumes de différens oifeaux. Il ne faut pas écorcher moins de vingt bêtes pour habiller à l'antique un Kamschadale.

Les habitans du Kamschatka, ainsi que les Tartares, changent d'air & de logement avec les saisons. Leur logement d'hiver, qu'ils appellent *Iourte*, présente une forme ronde en dehors quoiqu'en dedans il soit quarré. Au milieu du toit on ménage une ouverture qui tient lieu de porte, de fenêtre & de cheminée. Les hommes y descendent par des échelles, car il seroit honteux pour eux de passer par une ouverture plus commode, pratiquée pour les femmes & les enfans.

C'est dans ces retraites souterraines que les Kamschadales passent l'automne & l'hiver. Ils en sortent au printems pour aller camper sous des tentes qu'ils nomment *balaganes*. Toutes ces tentes sont couvertes d'un toit qui se termine en pointe, sur lequel sont pratiquées deux portes ou trappes qui s'ouvrent en face l'une de l'autre. On descend dans les iourtes, on monte dans les balaganes avec des échelles portatives ; & ce n'est pas sans raison que les sauvages ont oublié les portes dans l'architecture de leurs édifices ; c'est pour se garantir de la visite des bêtes sauvages, & sur-tout de celle des ours qui viendroient manger leurs provisions de poisson.

Les rivières & la mer sont le seul domaine des habitans du

Kamfchatka. Auffi c'eft fur les bords des fleuves ou fur les côtes de la mer qu'ils conftruifent le plus ordinairement leurs balaganes. La pêche des veaux marins étend quelquefois leurs excurfions à cinquante lieues de leurs habitations. En général la faim eft l'ennemi le plus redoutable qu'aient à combattre les Kamfchadales, & ce befoin impérieux ne leur permet guère d'avoir des demeures permanentes.

Les meubles les plus riches de ces fauvages font les canots & les traîneaux, quoique les traîneaux foient d'un ufage très-difficile au Kamfchatka, dont les chemins font par-tout hériffés de broffailles ou de glace. Auffi les Kamfchadales se servent-ils dans cette occasion d'un conducteur. Ce guide fraye les chemins aux chiens qui forment dans ce pays l'attelage ordinaire des traîneaux ; & cette manœuvre exige tant de tems, qu'on a de la peine à faire trois lieues dans un jour.

Les armes des Kamschadales sont l'arc, la lance, la pique & la cuirasse ; leurs flèches sont la plupart empoisonnées.

Les Kamschadales, avant qu'ils fussent soumis par les Cosaques, vivoient entr'eux dans un état de guerre, si l'on s'en rapporte à leurs conquérans. Seroit-il donc possible que cette passion féroce fût naturelle à toute la race humaine ? Qu'avoit à gagner ce peuple si peu favorisé de la nature ? quel étoit l'objet de ces guerres ? De faire des prisonniers, répondent les Cosaques. Le vainqueur employoit les hommes à des travaux, les femmes à ses plaisirs. Cette nation, si l'on en croit encore les Russes, est lâche & timide. Mais le suicide lui est très-familier ; mais les Cosaques ont éprouvé cent fois à leurs dépens, que les Kamschadales révoltés savent se retrancher dans des montagnes, s'y fortifier, y attendre leurs ennemis & les repousser à coups de flèche ; mais enfin les Russes ont été témoins que toutes les fois que la victoire s'est déclarée pour eux, chaque Kamschadale commençoit par égorger fa femme & fes enfans, & fe précipitoit enfuite dans la mer du haut des montagnes où il s'étoit refugié. Ah ! les vaincus n'ont tant de défauts fans doute, que parce que les vainqueurs ont été trop barbares.

Ce peuple, cependant, connoît le doux lien de l'amitié, & fait même exercer l'hofpitalité. Mais il eft fi trifte ou plutôt fi malheureux, qu'il eft obligé d'avoir recours à l'art pour s'exciter à la joie. Le fecret qu'ils emploient dans cette occafion, eft de boire d'une liqueur fermentée dans laquelle ils ont fait tremper un champignon, nommé mucho-more, tue-mouché, qui poſsède l'heureufe vertu d'infpirer

la gaîté. Ils attribuent à l'usage modéré de cette boisson, plusieurs qualités merveilleuses. Si elle fait naître la joie, elle rend aussi les buveurs plus légers & plus vifs, & aggrandit leur courage. L'excès au contraire en est dangereux. Il jette en moins d'une heure dans des convulsions affreuses, qui sont bientôt suivies de l'ivresse ou du délire. Mais la propriété la plus singulière de ce narcotique est celle de faire confesser dans l'accès, les crimes que l'on a pu commettre. La mémoire des Kamschadales est remplie de miracles qu'il a opérés dans ce genre ; mais comme je suis naturellement incrédule & qu'il ne m'a pas été possible de voir un
de

de ces prodiges, je n'ai point pris pour ce champignon l'eſtime que lui portent les habitans du Kamſchatka.

Les femmes n'uſent jamais de mucho-more, cependant elles ont auſſi leur divertiſſement qui ſont la danſe & le chant. L'amour, la ſeule conſolation des ſauvages, eſt conſtamment le ſujet de leurs chanſons, comme auſſi les mouvemens de leur danſe retracent leurs différens exercices. C'eſt ainſi que les danſes des Kamſchadales forment un tableau pantomine de pêche.

Les femmes & les filles du Kamſchatka ont la voix aſſez agréable. Elles compoſent la plupart des chanſons, qui ſont ordinairement modulées sur les cris des bêtes & des oiseaux, qu'elles imitent parfaitement. Voici une de leurs chansons appelée *aantguitche*, parce qu'elle est notée sur les tons du cri de cet oiseau.

« J'ai perdu ma femme & ma vie.
» Accablé de tristesse & de douleur,
» j'irai dans les bois, j'arracherai
» l'écorce des arbres & je la man-
» gerai. Je me leverai de grand
» matin, je chasserai le canard
» *aantguitche*, pour le faire aller
» dans la mer. Je jetterai les yeux
» de tous côtés, pour voir si je ne
» trouverai pas quelque part, celle
» qui fait l'objet de ma tendresse
» & de mes regrets ».

Les femmes des Kamschadales,

médiocrement fécondes, accouchent aisément. J'en ai vu une sortir de sa iourte & revenir avec un enfant, sans la moindre marque d'altération sur son visage. Encore ne s'étoit-elle retirée que par déférence pour un étranger. Car elles accouchent ordinairement à genoux, en présence de tous leurs parens ou amis. Les assistans prennent l'enfant dans leurs mains, le baisent, le caressent & se réjouissent de sa naissance avec le père & la mère. Les pères donnent à leurs enfans le nom de quelques parens morts, & ces noms désignent ordinairement quelque qualité singulière, ou quelque circonstance relative, soit à la personne qui le portoit, soit à l'enfant qui le reçoit.

Quelque conformes que soient d'ailleurs les mœurs & les occupations des Tartares & des Kamschadales, on ne retrouve point au Kamschatka la piété filiale, si fort en honneur dans la Tartarie ; on n'y retrouve pas davantage la vénération que les Tartares portent aux morts & à leurs tombeaux.

Les parens aiment leurs enfans sans en attendre le même retour ; car les enfans ne répondent aux témoignages de la tendresse paternelle que par l'indifférence. Ils poussent cette indifférence jusqu'à mépriser la vieillesse de ceux qui leur ont donné le jour ; & ils ne les consultent pas même, quand ils veulent se marier. Le pouvoir d'un père & d'une mère sur leur fille se réduit à dire à son amant, « attendris la, si tu peux ».

Ces mots sont les avant-coureurs d'une espèce de lutte, qui ne peut être que fatale au combattant, s'il n'a pas l'aveu de sa maîtresse; mais qui dégénère en une prompte défaite, s'il a su toucher son cœur.

La fille recherchée est défendue comme une place forte. Elle est barricadée par des meubles, des filets & des courroies, & gardée par des femmes, qui, dans le plan de sa defense, se conforment à ses désirs. L'assaillant, s'il est détesté, soutient des assauts très-meurtriers;

il combat même pendant des années entières sans obtenir de capitulation. Mais si l'amour lui est favorable, il a peu d'obstacles à craindre, & sa maîtresse a la bonne foi de l'avertir de sa victoire, en criant d'un ton de voix tendre & plaintif, *ni, ni*. C'est le signal de la défaite, & sur le champ le vainqueur emmène sa conquête dans son habitation.

Au surplus rien n'est plus libre au Kamschatka que le lien du mariage. Toute union d'un sexe à l'autre est permise, si ce n'est entre le père & sa fille, entre le fils & sa mère. Un homme peut épouser plusieurs femmes & les quitter. La séparation de lit est le seul acte de divorce. Les époux dégagés ont la liberté de faire un nouveau choix, sans nouvelle cérémonie. Les femmes & les hommes ignorent le tourment de la jalousie. Les Kamschadales poussent l'insensibilité jusqu'à mépriser le mérite d'une vierge intacte.

Les maladies sont communes au Kamschatka, mais les habitans y savent appliquer des remèdes, qui, presque tous puisés dans la nature, ne manquent pas d'efficacité. Ils ont une connoissance assez étendue des simples & des plantes, & l'expérience les a éclairés sur l'usage journalier qu'ils en font. Les magiciennes, comme je vous l'ai déjà fait observer, exercent la médecine dans cette contrée; mais leur empire ne s'étend guère que sur l'esprit des femmes. Elles ordonnent des breuvages favorables à la fécondité. Elles en composent aussi qui lui sont contraires. J'aurois cru que ce crime n'existoit que parmi les nations policées.

LETTRE CLXXXII.

Du Fort de Kamschatkoi.

Les animaux de terre font toute la richesse du Kamschatka. Mais celui qui tient le premier rang pour son intelligence, sa fidélité & ses services, c'est cet animal domestique dont notre historien de la nature a fait un si bel éloge. Vous concevez,

Madame, que c'est du chien que je veux parler.

Cet animal fidèle est d'une grande utilité pour ces sauvages, soit à la chasse, soit dans leurs excursions. Il leur sert de cheval de train. Moins fort que le cheval, mais plus intelligent, sa sagacité prévoit & détourne le danger. On le voit s'arrêter, lorsque l'orage menace, gratter la terre avec ses pattes, enfin par tous ses gestes avertir son maître de la tempête. Aussitôt le Kamschadale se refugie dans les bois avec ses chiens & son traîneau. Mais ces orages durent quelquefois des jours entiers au Kamschatka. C'est alors que l'homme tire une grande ressource de la compagnie de ſes chiens. Ils échauffent & défendent leur maître pendant le ſommeil. Au milieu des ouragans qui obligent le voyageur d'avoir les yeux fermés, ils pourſuivent leur route & ne s'écartent guère; ou ſi le mauvais tems les égare, l'odorat leur fait bientôt retrouver le chemin dans le calme. Après avoir été ſi utile pendant ſa vie, le chien l'eſt encore après ſa mort. Sa peau ſert à habiller celui auquel il a rendu tant de ſervices, & qui quelquefois a la cruauté de le tuer, lorſque la vieilleſſe le rend incapable de continuer ſes travaux.

Les animaux dont la chaſſe occupe les chiens ſont le renard & le bélier ſauvage. La Sibérie fournit un grand nombre de renards. Ceux du Kamſchatka ſont les plus eſtimés. Ils ſont en même tems les plus beaux & les plus fins de cette vaſte contrée.

Les béliers ſauvages ont l'allure de la chèvre & le poil du renne. Auſſi vifs, auſſi légers que le chevreuil, ils habitent comme lui les montagnes les plus eſcarpées, au milieu des précipices. Les Kamſchadales les pourſuivent ſur ces rochers & ils s'y établiſſent quelquefois avec leur famille dès le printems, juſqu'au mois de décembre. La chair de ces béliers eſt très-délicate, leur fourrure eſt précieuſe, & les cornes qu'ils ont d'une extrême groſſeur, ſervent à faire des cuillers & d'autres ustensiles.

C'est au Kamschatka que l'on prend aussi les plus belles zibelines, mais les Kamschadales font peu de cas des martes, & n'en prennent que la quantité suffisante à payer le tribut que les Russes leur ont imposé. Ils ne prisent pas davantage les marmotes. Les fourrures de ces animaux sont trop petites & trop belles pour un peuple dont l'esprit s'arrête à l'utilité.

Parmi les animaux amphibies du Kamschatka, il en est plusieurs qui mériteroient une description particulière. De ce nombre est l'ours marin, que l'on trouve sur les côtes méridionales de ce pays. Il est

est ainsi appelé par les naturalistes, parce que soit qu'on considère sa conformation extérieure, soit qu'on examine ses mœurs & sa façon de vivre, il n'y a point d'animal qui ressemble davantage à l'ours.

L'ours marin a six à sept pieds de long & quatre pattes, qui toutefois ne sont que des membranes écailleuses, plus propres à nager qu'à marcher sur terre, mais cependant assez dures pour qu'elles puissent servir à soutenir l'animal. Son museau est allongé comme celui de l'ours terrestre. Il a aussi de petites oreilles; & sa gueule est armée de deux rangs de dents au nombre de trente-six.

Si le système Cartésien se trouve

contredit par un grand nombre d'animaux, vous allez juger que l'ours marin doit tenir une place diftinguée parmi les bêtes fpirituelles.

L'ours marin mâle a huit, quinze & même jufqu'à cinquante femelles fur lefquelles il exerce un empire abfolu. Si une de fes femmes approche d'un autre mâle, il entre en fureur & roule des yeux enflammés d'une jaloufie qui dégénéreroit bientôt en férocité funefte à la femelle, fi elle ne fe rapprochoit de fes compagnes & de fon mari.

Ces animaux font divifés en troupeaux ; & chaque troupeau qui monte quelquefois à cent vingt & cent cinquante, eft compofé d'une feule famille que forment les pères, les mères, les enfans & les petits-enfans. Lorsqu'une femelle veut mettre bas, elle se retire à l'écart, mais toujours sous les yeux de son mari qui veille à sa défense. Elles ont communément un petit ou deux. Ils naissent les yeux ouverts. Quelques jours après avoir mis bas, les femelles rejoignent le troupeau avec leurs petits, & cherchent à reparer leurs forces par un sommeil fréquent & par le repos. Les petits ourfins croissent sous les yeux de leurs parens & font entr'eux mille petits jeux ainsi que de jeunes chiens. Ils s'exercent sur-tout à se renverser. Lorsqu'un des deux est terrassé, le père accourt pour séparer les combattans. Il baise le vainqueur ; il le caresse en le léchant à la tête & à la poitrine ; puis il fait semblant de vouloir le renverser avec son museau. Le petit se roidit & oppose ses jeunes forces aux efforts simulés de son père. Plus il fait de résistance, plus le père redouble ses caresses, & montre de joie d'avoir un enfant si digne de lui : au contraire, il fait très-peu de cas de ses petits qui sont lâches & paresseux.

Ces animaux chérissent leurs femelles & leurs enfans avec tendresse ; mais ils les traitent en despote qui ne souffre point de résistance. Lorsque l'on vient pour ravir des oursins, la femelle moins grande & moins forte se sauve vers le mâle, en tenant ses petits dans la gueule. Mais si surprise par la crainte & emportée par la timidité, elle en a laissé enlever quelques-uns, alors le mâle accourt en frémissant près d'elle, la saisit entre les dents, la jette avec fureur contre les rochers & la laisse pour morte. Il roule ensuite des yeux étincelans & grince des dents, jusqu'à ce que la femelle revienne en rampant les yeux baignés de larmes, lécher les pieds de son bourreau. Enfin lorsqu'il voit qu'on s'éloigne en emportant ses petits, il verse des pleurs avec plus d'abondance encore que la femelle, & ce signe de tendresse est la dernière expression d'une rage impuissante.

Les vieux ours marins, abandonnés de leurs femelles, mènent pour ainsi dire une vie monastique. Ils passent leurs derniers jours dans l'abstinence, l'oisiveté, l'inaction & un sommeil presque continuel. La vieillesse est chez eux hargneuse, méchante & féroce. Ils restent un mois entier à la même place sans boire ni manger, & se jettent sur les animaux qui les approchent de trop près.

Les jeunes se livrent entr'eux des combats cruels, qui ne finissent que par des blessures profondes. L'amour est presque toujours l'occasion de ces combats; & il est rare de voir à la fin de juillet un de ces animaux sans une plaie considérable.

Les ours marins nagent avec tant de rapidité, qu'en moins d'une heure ils peuvent faire quatre à cinq lieues, & s'ils couroient sur terre aussi bien qu'ils nagent, il seroit impossible d'échapper à leur fureur. Cependant il n'est pas prudent de les attaquer dans un terrein bien uni, à moins que d'avoir quelque rocher ou éminence sur laquelle on puisse se sauver comme dans une forteresse.

Je ne vous parlerai point du lion marin qui semble avoir perdu toute sa férocité dans l'élément où il vit. On ne trouve pas chez lui cette fierté, cet amour pour ses petits, & cette jalousie effrénée, qui distinguent le sultan orgueilleux dont je viens de vous entretenir. Son férail n'eſt pas à beaucoup près auſſi nombreux, mais le lion marin eſt plus tendre & ſur-tout moins cruel pour ſes favorites que l'ours du Kamſchatka.

On trouve auſſi parmi les animaux amphibies du Kamſchatka des loutres, des caſtors, des veaux marins, des manatées; mais la principale richeſſe des Kamſchadales conſiſte dans la dépouille de la baleine, dont la pêche cependant n'eſt pas très-abondante dans ce pays, parce que la mer envoie beaucoup de baleines mortes ſur les côtes. Au midi du Kamſchatka, les habitans ſe nourriſſent de ce poiſſon, mais cette nourriture leur devient souvent funeste; car n'ayant d'autre manière de les tuer qu'avec des flèches empoisonnées, il arrive que des habitations entières périssent pour avoir mangé de la graisse de baleine morte de cette manière. Ce poisson leur est d'ailleurs de la plus grande utilité. Ils emploient sa peau à des semelles & des courroies, ses barbes ou fanons à coudre leurs canots & à faire des filets, sa mâchoire inférieure à des glissoires pour les traîneaux, à des manches de couteaux. Ses intestins leur servent de barils, ses vertèbres de mortiers, ses nerfs & ses veines de cordes pour les pièges qu'ils tendent aux renards. Enfin la dissection de ce poisson monstrueux compose presque tous les ustensiles nécessaires aux Kamschadales.

Le Kamschatka abonde en toutes sortes de poissons, & n'est pas moins riche en oiseaux aquatiques. La mer en fournit les plus nombreuses espèces ; elles sont presque toutes sur la rive orientale de cette contrée, parce que les montagnes leur offrent un asyle plus voisin, & l'océan une nourriture plus abondante. C'est-là qu'habitent le cormoran, qui prédit la tempête, le corbeau au cri funèbre, & le canard, plongeon intrépide. On voit aussi naviguer le cigne dans les rivières du Kamschatka, mais ce roi des oiseaux ne reçoit d'autre honneur dans ces pays barbares, que celui d'être mangé dans les festins. Les Kamschadales associent à cet honneur l'aigle superbe qui dispute à l'homme une partie de son empire sur les oiseaux.

Si la nature a refusé les alimens les plus communs aux Kamschadales, elle y a suppléé par un grand nombre de racines & d'herbes dont le besoin leur donne l'instinct d'éprouver & d'employer la vertu. Ils savent & l'endroit où elles croissent, & le tems de les cueillir, & l'usage qu'on en peut faire. Je doute que les nations civilisées aient des botanistes plus éclairés que ces sauvages; car la faim instruit mieux que la curiosité.

Les plantes qu'ils ne mangent

pas, leur font bonnes pour les maladies ou les plaies. D'autres enfin leur servent à donner la mort à leurs ennemis. *Zgate* est le nom d'une de ces racines meurtrières. Les flèches trempées dans le jus de cette plante, font des blessures que l'homme seul peut guérir, en suçant le poison de leur plaie. Les baleines & les lions marins atteints de ces traits empoisonnés, bondissent impétueusement dans la mer, qu'ils font écumer dans leur rage, & vont se jetter & périr sur les côtes avec les plus vives douleurs.

L'industrie des Kamschadales éclate principalement dans les ressources qu'ils ont tirées des arbres peu nombreux qui naissent au Kamschatka.

Le Larix, ou Mélèfe & le peuplier blanc fervent à conftruire leurs huttes & leurs canots. L'écorce des faules nourrit les hommes ; celle de l'aulne eft propre à la teinture des cuirs ; mais l'arbre le plus utile, celui dont ces fauvages ont multiplié les propriétés, c'eft le bouleau. Le bois en eft fi dur qu'ils en font des plats, & l'écorce fi tendre qu'ils la fervent à manger dans ces mêmes plats. Tantôt ils la hâchent en menus morceaux comme le vermicelli, tantôt ils la font fermenter dans le fuc même du bouleau & en expriment une efpèce de fauffe. Ainfi cet arbre fans fruit leur fournit les mets, la fauffe, la vaiffelle & quelquefois la table, quoique cependant ce dernier meuble ne foit guère en ufage au Kamfchatka.

Le règne minéral n'abonde pas au Kamfchatka, & foit que l'état d'inftabilité trop continuel de la terre l'empêche d'y concevoir & d'y former ces arfenaux où fe préparent & les inftrumens deftructeurs & les richeffes de l'humanité, foit que le peu d'aptitude des habitans pour découvrir les mines, ou la difficulté de leur exploitation, ou enfin le peu de befoin qu'ont les Ruffes d'en trouver dans un pays où ils vendent des métaux, en aient jufqu'à préfent éloigné la recherche, on ignore encore fi le Kamfchatka renferme de ces tréfors fouterrains.

Les volcans, ces forges meurtrières qui sembleroient ne devoir être les fléaux que des climats brûlans, effraient auſſi les peuples du Kamſchatka. On en compte trois dans l'étendue de cette presqu'île. La dernière éruption de l'un de ces volcans, quoique très-éloignée, eſt encore récente dans la mémoire des Kamſchadales. Ce volcan eſt renfermé dans le ſein de la montagne la plus haute du Kamſchatka, ſituée auprès du fleuve qui porte ce nom. Les vieillards qui avoient ſurvécu à ce déſaſtre me dirent qu'au moment de cette éruption ils avoient vu ſortir de ce rocher embraſé des torrens de feu. Bientôt après on entendit un tonnerre horrible retentir dans les flancs de la montagne; le fiflement & le mugiflement des vents allumoit ce fourneau infernal; des tourbillons de charbons ardens & de cendres fumantes fe répandirent fur la mer & dans les campagnes; enfin ce phénomène prodigieux fut fuivi d'un tremblement de terre dont les fecouffes interrompues durèrent depuis le mois d'octobre jufqu'au printems de l'année fuivante.

Peut-on s'empêcher de regretter que la nature n'ait pas placé ces feux deftructeurs fous ces mines que creufe & recreufe l'infatiable avarice des hommes, & d'où font fortis moins de tréfors que de crimes?

LETTRE CLXXXIII.

De Tobolsk.

UN grand changement, Madame, s'est opéré dans la Sibérie en moins de deux siècles. Des déserts changés en villes peuplées, des loix imposées à des sauvages indépendans ; les arts & l'industrie florissans dans des lieux jadis barbares & incultes ; l'ordre, la discipline, l'abondance établis où ne régnoient autrefois que la confusion, l'anarchie & la stérilité la plus triste : tel est l'ouvrage des Russes. En 1583 il n'existoit pas deux villes dans ce pays immense, tandis qu'il en renferme à présent plus de cinquante, sans compter trois mille slabodes, forts ou villages, répandus cà & là dans son enceinte.

Avant la conquête des Russes, la Sibérie formoit un royaume particulier, qui étoit gouverné par un prince Tartare de la religion Mahométane. Jermack, Cosaque de nation, fut le premier qui ravagea ce royaume & eut recours aux Russes pour le soutenir dans ses excursions. Comme c'étoit aux Cosaques qu'on devoit la conquête de ce pays, on voulut leur en laisser tout l'honneur. Ainsi à mesure qu'on y envoya des troupes, elles furent incorporées dans les Cosaques. C'est par cette raison que toute la milice de Sibérie porte même aujourd'hui le nom de Cosaques.

Le nom de Jermak est encore actuellement en vénération dans la Sibérie. Tous les ans on fait en différens endroits & sur-tout à Tobolsk, une cérémonie en l'honneur de ce conquérant. Aux noces du peuple on ne manque pas de chanter un hymne à sa louange.

Plusieurs peuples habitent cette vaste contrée ; les principaux sont les Russes, les Tartares Mahométans & les Tartares Payens. Les Tartares Mahométans habitent dans des bourgades & des villages ; la plus grande partie dans le district de Tobolsk. Ce sont des descendans de ceux qui occupoient la Sibérie lors de la conquête de Jermack. Ils font fort laborieux & s'adonnent à l'agriculture & au commerce. On compte plus de cent mille familles de ces Tartares Mahométans.

Je commencerai, Madame, la relation de mon voyage par la province de Tobolsk, & je ferai passer successivement sous vos yeux tous les divers gouvernemens de la Sibérie.

La ville de Tobolsk tire son nom de la rivière de Tobolsk, qui vient se jetter dans l'Oby sous les murs de cette ville, après s'être joint à l'Irtisch. Les districts de ces deux rivières sont les greniers de la Sibérie. Tobolsk est divisée en ville haute & en ville basse. Dans la ville haute qu'on appelle proprement la ville, est une forteresse construite par le Statthalter *Gagarin*. Elle renferme aussi la chancellerie & le palais archiépiscopal. Le clergé est composé de cinquante moines ou prêtres dont on m'a assuré que trois, y compris l'archevêque, savoient le latin.

La ville haute n'est point sujette aux inondations ainsi que la ville basse, mais elle a une grande incommodité en ce qu'il faut y faire monter toute l'eau dont elle a besoin.

La ville de Tobolsk est fort peuplée. On y voit un grand nombre de Russes exilés, ou d'enfans d'exilés. Les habitans sont attachés à la religion Grecque jusqu'au fanatisme. Mais les Tartares sont tous Mahométans ; cependant comme ils demeurent avec des chrétiens, ils prennent rarement plus d'une femme. On vante la probité de ces Tartares ; ce sont eux qui font en partie le commerce de la province de Tobolsk, & leur bonne foi est si connue, qu'on n'en exige aucun gage : quand ils ont frappé dans la main de quelqu'un en signe de promesse, on peut regarder cette promesse comme inviolable ; car ils ignorent également le serment & le parjure.

Le reste du peuple, né dans l'esclavage le plus affreux, n'a aucune idée de la liberté. Il ignore également les avantages de l'induſtrie & du commerce. Livrés à la fainéantiſe, ces peuples vivent dans la malpropreté la plus dégoûtante. Ils aiment cependant leur état & redoutent d'en ſortir, ſur-tout pour porter les armes; dans ce cas l'eau-de-vie & la crainte du châtiment leur donnent quelquefois de la bravoure.

Leurs chaumières offrent un ſéjour d'autant plus triſte, que la rigueur des hivers ne leur permet preſque point de communication avec l'air extérieur Les fenêtres n'ont ordinairement qu'un pied de large ſur ſix pouces de haut. Ils sont encore presque privés de la lumière du soleil tout le tems que cet astre est dans les signes méridionaux: alors dans une nuit perpétuelle, ils ne sont éclairés que par des éclats de sapin ou de bouleau allumés. Cet usage très-commun dans toute la Russie, y rend les incendies fréquens, parce que les maisons n'y sont que de bois.

L'éducation des enfans contribue à former à ces peuples le tempérament le plus robuste. Leur santé seroit peut-être inaltérable sans leur intempérance. Il n'est pas rare de voir les enfans marcher seuls au bout de quelques mois, lorsque chez nous ils pourroient à peine se se soutenir. J'en ai vu sortir des poëles, avec une seule chemise, dans un froid excessif. Ils venoient dans cet état jouer au milieu de la neige, tandis que je n'osois sortir de mon traîneau quoique enveloppé d'une pelisse. Ils sont généralement bien faits & d'une grande taille.

L'usage des lits est inconnu dans ces chaumières. La famille y est couchée pêle mêle, presque déshabillée, sur des nattes placées sur des bancs ou sur le poele. Une dissolution précoce est l'effet de cet usage, & la jeunesse est généralement corrompue dans ces contrées. Les femmes & les filles y sont jolies, & toutes font usage du rouge, même celles du bas peuple.

Toutes les provinces de la Sibérie sont gouvernées par des Waywodes, qui dépendent toūs du Stattalther de Tobolsk. Il ne peut cependant ni les destituer, ni les choisir lui-même; mais il est obligé de les recevoir tels qu'on les lui envoie de la chancellerie de Sibérie qui réside à Moscou. Il reçoit, ainsi que les Sous-Statthalter, des appointemens de la cour de Russie. Il y a deux secrétaires à la chancellerie de ce gouvernement, qui sont perpétuels, quoiqu'on change les Statthalters. Ces secrétaires, par cette raison, sont fort respectés; les grands & les petits recherchent leur protection, & ils gouvernent presque despotiquement toute la ville.

Je me trouvai à Tobolsk dans la semaine du beurre. Cette semaine est proprement le carnaval de Sibérie, qui a lieu dans le mois de février. Les hommes montent à cheval, font des courses, tirent des prix à l'arc, & se livrent à toutes sortes de plaisirs, tandis que les femmes & les enfans courent les rues avec une musique infernale. Mais la principale occupation est de boire, & l'on s'en acquitte si bien que dans des cavalcades de vingt à trente personnes, à peine s'en trouve-t-il une seule en état de se tenir debout & de guider les autres.

Autant la ville eſt bruyante dans la ſemaine du beurre, autant elle eſt tranquille dans les fêtes qui la ſuivent. Le ſilence & la prière ſuccèdent au tumulte & à la débauche. La dévotion éclate ſur-tout dans une cérémonie, qui ſe fait à la cathédrale le 3 mars, & qui eſt célébrée par l'archevêque du lieu. Elle commence par une eſpèce de béatification de tous les Czars morts en odeur de ſainteté, & de leurs familles, des plus vertueux patriarches, & de pluſieurs autres perſonnages, du nombre deſquels eſt Jermack, le conquérant de la Sibérie. Enſuite on prononce le grand ban de l'égliſe contre tous les infidèles, hérétiques & schismatiques, c'est-à-dire, contre les Mahométans, les Luthériens & les Calvinistes & sur-tout contre les Catholiques Romains, comme auteurs du schisme qui sépare les deux églises. Ainsi je me retirai de cette cérémonie édifié & excommunié.

LETTRE CLXXXIV.

De Tobolsk.

EN vous rendant compte, Madame, des contrées diverses de la Sibérie où j'ai voyagé, je vous ferai grace, autant qu'il me sera possible, de tous les noms barbares des villes & villages que j'ai traverfés, ainsi que des détails fastidieux, qui fourmillent généralement parmi la nation des voyageurs. Les villes célèbres, les productions rares de certains climats, les mœurs de leurs habitans méritent seuls votre attention; & l'instruction ne doit pas être moins le but du voyageur éclairé que de l'historien.

Les mines inconnues au Kamschatka ne sont point rares dans les autres provinces de la Sibérie. La ville de Katherinebourg, située dans la province de Tobolsk, peut être regardée comme le point de réunion de toutes les fonderies & forges de cette contrée. C'est dans cette ville que réside le collège suprême des mines, & c'est de-là qu'il dirige tous les ouvrages de Sibérie.

Katherinebourg, fut fondée en 1723 par Pierre I, & achevée en 1726 par l'impératrice Catherine, dont elle porte le nom. Toutes les maisons en ont été bâties aux dépens de la cour. Auffi font-elles habitées par des officiers impériaux, ou par des maîtres & des ouvriers attachés à l'exploitation des mines. L'Ifet paffe au milieu de cette ville, & les eaux de cette rivière fuffifent à tous les befoins des fonderies.

Pour s'inftruire à fond dans la matière des mines, forges & fonderies, il fuffit de voir cette ville. La police qui règne parmi les ouvriers n'eft pas moins admirable.

Auſſi n'y manquent-ils de rien. Ils touchent leur paie régulièrement tous les quatre mois, & les vivres ſont à très-grand marché. Les malades trouvent des ſoins & des ſecours dans un hôpital bâti exprès pour eux & dirigé par un bon chirurgien-major. On y reçoit même les malades des mines & fonderies des environs.

C'eſt preſque toujours par eau qu'il faut voyager dans une grande partie de la Sibérie. On appelle *Doſtchennikes*, les bâtimens deſtinés à ces voyages. Que ce nom ne vous en impoſe pas ; un Doſtchennike n'eſt autre choſe qu'une grande barque couverte. Chacun de ces bâtimens porte vingt deux manouvriers, tous Tartares. Ils font munis en outre de deux canons & d'un canonnier.

Parmi les fleuves de la Sibérie, on diftingue l'Oby & le Jénifei.

Le premier de ces fleuves mérite d'être confidéré par fa profondeur, fa largeur, & par la majefté de fon cours. Il prend fa fource dans le lac *Telefiens*, fous le cinquante-deuxième degré de latitude, & le cent troifième trente minutes de longitude. Après avoir parcouru en ferpentant un efpace de plus de 500 lieues, il va fe rendre à la mer Glaciale fous le foixante-feptième degré de latitude, vis-à-vis la nouvelle Zemble, où il forme un golphe qui a plus de deux cent lieues de long sur cinquante de largeur.

Le Jénisei n'est guère moins considérable que l'Oby. Il coule presque en droite ligne depuis le cinquante-unième degré de latitude jusqu'au soixante-dixième, sous lequel il se jette dans la mer Glaciale.

Les lacs ne sont pas moins fréquens dans la Sibérie. Un des plus remarquables est le lac salé de Jamuschewa. Ce lac renfermé dans la province de Tobolsk est une merveille de la nature. Il a plus de deux lieues de circonférence & est presque rond. L'eau en est extrêmement salée, & quand le soleil y donne tout le lac paroît rouge. Le sel que ce lac produit est blanc comme la neige, & si abondant, qu'en très-peu de tems on pourroit en charger beaucoup de vaisseaux. La couronne s'en est reservé le commerce, ainsi que celui de toutes les autres salines. A peu de distance de ce lac, sur une colline assez élevée, est une station de dix hommes, dont la consigne est d'empêcher que personne, excepté ceux qui sont autorisés par le gouvernement, n'emporte du sel. Une des propriétés de ce lac est celle de produire au bout de cinq à six jours de nouveau sel dans les endroits où l'on en a pris une certaine quantité.

Une des villes les plus commerçantes de la Sibérie, & qui passe après Tobolsk pour une des plus considérables de cette contrée, c'est la ville de Tomsk.

C'est à sa situation sur-tout que cette ville doit les avantages de son commerce. On y vient de Tobolsk en été, par l'Irtish, l'Oby & la Tomm. Il y arrive tous les ans une ou deux caravannes de la Kalmouquie; c'est par Tomsk aussi que prennent leur route toutes celles qui vont de la Chine en Russie & de la Russie à la Chine. Le commerce y est donc fort grand & presque général, quoiqu'il y ait une compagnie particulière de commerce, qui a ses directeurs ; aussi le gouvernement de Tobolsk est-il des plus lucratifs.

La plupart des habitans de cette ville font, comme presque tous les Sibériens, des renégats ou d'anciens croyans. Servilement attachés aux usages de leurs ancêtres, ils se feroient un scrupule de ne pas végéter dans la profonde ignorance de leurs pères. Ils poussent si loin cette aveugle imitation, que peu de tems avant mon séjour, une maladie épidémique ayant attaqué les bestiaux, il ne resta que dix vaches & à peine le tiers des chevaux, parce qu'aucun habitant ne chercha à y apporter du remède; car, disoient-ils, leurs ancêtres n'en avoient pas employé en pareil cas.

LETTRE CLXXXV.

De Tobolsk.

C'est au nord de Tobolsk, sur les bords de l'Oby, que l'on rencontre les Ostiakes. Peut-être, Madame, serez-vous bien aise de connoître les mœurs de ce peuple, qui a conservé, pour ainsi dire, une physionomie particulière.

Les Ostiakes, ainsi que tous les peuples qui habitent sous un ciel rigoureux, dont les effets sont d'engourdir la nature, ou d'en arrêter les progrès, ne parviennent pour l'ordinaire qu'à une hauteur médiocre. Leur taille est cependant assez bien proportionnée, & leurs traits diffèrent peu de ceux des Russes. Leurs cheveux sont blonds ou roux. Rien n'est plus simple que la façon de leur habillement. Ils emploient les dépouilles des animaux, sans y donner aucune préparation. Un Ostiake a-t-il besoin d'un bonnet, il court à la chasse, tue une oie sauvage, la dépouille sur le champ & se fait un bonnet de sa peau.

Le vêtement des femmes ne diffère de celui des hommes que par les embellissemens dictés par leur coquetterie, & proportionnés à leurs facultés. Les femmes les plus riches portent des habillemens de drap rouge, qui, comme chez les habitans de la grande Tartarie, est la dernière magnificence parmi toutes les nations de la Sibérie. On diroit qu'elles ont deviné l'agrément des mouches, car elles ont l'usage de se faire des marques noires au visage & aux mains.

Les Ostiakes logent dans de petites huttes quarrées, dont la couverture & les parois sont d'écorces de bouleau cousues ensemble. Tous leurs meubles consistent en une marmite de pierre ou de fer, en filets, en arcs, en flèches & en ustensiles de ménage, faits d'écorce de bouleau dans lequel ils boivent & mangent. C'est chez eux un signe d'opulence que de posséder une hache de fer, ou un instrument garni du même métal.

L'agriculture étant inconnue aux Oſtiakes, leur pays ne produit que des racines ſauvages; ainſi ils ne tirent leur nourriture ordinaire que du fruit de leur chaſſe ou de leur pêche. Ils mangent toujours le poiſſon ſans ſel, & ne boivent que de l'eau. Ils font cependant un cas particulier du ſang de quelque animal que ce ſoit. Auſſi lorſqu'ils tuent un renne, un ours ou quelqu'autre bête, leur premier ſoin eſt de recueillir le ſang qui coule de ſes bleſſures & de le boire. Un morceau de poiſſon ſec trempé dans de l'huile de baleine, ou même un grand verre de cette huile eſt une boiſſon exquiſe.

Croiriez-vous que la doctrine

de Pythagore eut des prosélytes chez les Ostiakes. Lorsqu'ils ont tué un ours, ils l'écorchent, lui coupent la tête & la suspendent avec la peau à un arbre, autour duquel ils tournent comme en procession, en rendant de grands honneurs à ces dépouilles. Ils font ensuite des lamentations, ou des grimaces de douleur autour du cadavre, & lui font de grandes excuses de lui avoir donné la mort. *Qui t'a ôté la vie?* lui demandent-ils tous en chœur; ils répondent de même: *ce sont les Russes. Qui t'a coupé la tête? C'est la hache d'un Russe. Qui t'a ouvert le ventre? C'est le couteau d'un Russe. Nous t'en demandons pardon pour lui.* Je me suis convaincu que cette pratique extravagante venoit de ce que ces peuples imaginoient que l'ame de l'ours errant dans les bois, pourroit se venger sur eux à la première occasion, s'ils n'avoient eu soin de l'appaiser, & de lui faire une réparation pour l'avoir obligée de quitter le corps où elle faisoit sa demeure.

Quelques-uns entretiennent des rennes pour tirer leurs traîneaux, mais, ainsi que chez les Kamschadales, ce sont plus ordinairement des chiens que l'on dresse à cet usage. Il y a des postes aux chiens établies comme celles de l'Europe, avec des relais réglés de distance en distance. Plus un voyageur est pressé, plus on met de chiens à son traîneau.

Quoique les filles des Ostiakes soient fort éloignées de la beauté, & qu'elles ajoutent encore à leur difformité naturelle le défaut d'être fort dégoûtantes, elles se piquent cependant de coquetterie, & ne laissent pas de faire des conquêtes.

Les Ostiakes, comme les Tartares, ont plusieurs femmes ; comme eux, ils les croyent vieilles à quarante ans, & ne les gardent que pour les soins de leur ménage, ou pour servir leurs compagnes plus jeunes. Le divorce est aussi en usage chez eux. Mais il faut observer que l'équité naturelle l'emporte presque toujours sur le mouvement déréglé de leurs desirs.

Les femmes ne paroissent point ici ressentir aucune inquiétude sur le tems de leurs accouchemens ; & il semble qu'elles soient toujours délivrées sans douleur. Il arrive souvent, même en hiver, qu'étant en marche pour changer de demeure, le moment du travail les surprend. Comme elles n'ont point de tentes prêtes, elles s'asseoient avec des femmes au premier endroit, fut-il même couvert de neige. La malade se délivre de son fardeau, sans témoigner ni douleur ni mécontentement. Le premier soin est de couvrir de neige le nouveau né pour l'endurcir au froid & de l'y laisser jusqu'à ce qu'il crie. Alors fa mère prend fon enfant dans fon fein & continue fa route avec fes compagnes. Sans doute qu'il viendra un tems où des médecins bien inftruits deffilleront les yeux de ces fauvages, & prouveront à leurs femmes qu'elles ne peuvent ni ne doivent accoucher d'une façon auffi lefte, & fi contraire aux ufages des nations policées.

Dès que l'on eft arrivé à l'endroit où l'on a deffein de réfider, la nouvelle accouchée a un logement féparé, & il n'eft permis à perfonne, pas même aux maris d'en approcher, excepté à une vieille femme qui la fert pendant quatre ou cinq femaines. Au bout de ce tems on allume un grand feu au milieu de ce logement, l'accouchée faute par deffus & la voilà purifiée. Après cette cérémonie effentielle, elle va retrouver fon mari avec fon enfant.

La jaloufie, cette compagne inféparable de l'amour, règne auffi dans ces climats, mais les effets n'en font jamais funeftes. Ils fe bornent même à quelques pratiques fuperftitieufes, les feules peut-être au monde qui produifent un bien réel ; car comme leur objet eft d'éviter ou de prévenir un mal imaginaire dans l'un & l'autre cas, elles contribuent du moins à tranquillifer le jaloux. Un Oftiake tourmenté de cette paffion, coupe du poil de la peau d'un ours & le porte à celui qu'il soupçonne de partager l'infidélité de sa femme. Si ce dernier est innocent, il accepte ce poil, mais s'il est coupable, il avoue le fait & convient avec le mari du prix de la femme que le premier répudie, & qui est épousée par le second. La bonne foi préside à ces épreuves ; car ils sont persuadés que dans le cas où un homme coupable seroit assez hardi pour accepter ce poil, l'ame de l'ours (ce revenant terrible chez les Ostiakes) ne manqueroit pas de le faire périr au bout de trois jours. Ainsi lorsque l'homme soupçonné du crime continue à se bien porter, tous les soupçons du jaloux s'évanouiffent ; il fe croit dans fon toit, & s'empreffe par toutes fortes d'égards de les faire oublier à fa femme.

A l'exception des Waywodes que la cour de Ruffie établit chez les Oftiakes, moins pour les gouverner que pour y percevoir les impôts, il n'y a point de chefs ou de fupérieurs reconnus dans la nation, & l'on n'y fait aucune diftinction de rang, de naiffance & de qualité.

Chaque père de famille eft chargé de la police de fa maifon, & termine feul à l'amiable les petits différends qui y peuvent furvenir. Dans les affaires graves, ils ont recours aux Waywodes, ou ils appellent les ministres de leurs idoles pour les juger. Dans ce dernier cas, le prêtre prononce la sentence comme si elle lui étoit inspirée, mais l'idole dont il est l'organe n'oublie pas ses intérêts; car il y a une amende de pelleteries imposée, & le ministre, comme de raison, se charge de la recevoir pour l'idole. C'est ainsi que dans nos siècles de barbarie, le prêtre tenoit tour-à-tour, le glaive, la balance & l'encensoir.

Ces peuples sont généralement idolâtres, & ils ont des idoles de deux sortes. Les unes publiques, sont révérées de toute la nation. Le culte des secondes est domestique. Ce sont des dieux pénates que chaque père de famille se fabrique à son gré, & qui sont honorés dans l'intérieur de la maison. Le père de famille est en même tems le sacrificateur & l'aruspice. Avant d'aller à la chasse & à la pêche, l'idole est consultée, & l'on se conduit suivant le succès heureux ou malheureux que promet sa réponse.

C'est ici, Madame, que le veuvage est lugubre. Une veuve est obligée de fabriquer une idole qu'elle habille des vêtemens du défunt. La nuit elle la couche avec elle, le jour elle la place devant ses yeux pour se rappeler la mémoire du mort & pour s'exciter aux regrets; elle doit observer cette pratique pendant une année entière; & chaque jour elle doit répandre des larmes. Une femme dont la source des larmes seroit tarie avant cette époque seroit déshonorée, ou du moins son amour conjugal ainsi que sa vertu, seroient violemment soupçonnés.

Quelques tentatives qu'on ait faites pour amener les Ostiakes au christianisme, on n'a pu faire parmi eux qu'un très-petit nombre de chrétiens. On a conféré le baptême à plusieurs, (si c'est conférer ce sacrement que de faire jetter dans l'eau par des dragons des payens attachés à leur créance) mais tout le fruit que ces cathécumènes en ont retiré, c'est de se dire chrétiens,

Ils n'en restent pas moins attachés à leurs cérémonies superstitieuses & à leur croyance. Demandez à un Ostiake où il croit que les ames vont après la mort, il vous répondra : « Que ceux qui meurent » d'une mort violente ou en faisant » la guerre aux ours vont droit au » ciel ; mais que ceux qui meurent » dans leur lit ou d'une mort na- » turelle, sont obligés de servir » long-tems sous terre près d'un » dieu sévère & dur ».

Ce qui distingue sur-tout ces peuples, c'est une insensibilité ou une résignation apathique pour les maux & pour la mort. Ni l'amour de la vie, ni l'horreur de la destruction n'entrent dans l'ame d'un Ostiake.

Leur malpropreté, les viandes crues & les insectes dont ils se nourrissent leur causent des maladies scorbutiques, ou des éruptions cutanées semblables à la lépre, & si terribles qu'on peut dire qu'ils pourrissent tout vivans. Cependant ils ne cherchent ni les moyens de prévenir ces maladies contagieuses, ni les remèdes propres à les guérir. Ceux qui en sont infectés périssent & tombent par lambeaux sans que la douleur leur arrache aucune plainte, & sans que les approches de la mort leur causent aucune inquiétude.

Il est rare de trouver des Ostiakes qui aient vu soixante neiges ; ce sont les neiges qui servent de calendriers à une grande partie des peuples septentrionaux de la Sibérie.

Leurs funérailles ne sont point accompagnées de cérémonies religieuses. On habille ceux qui meurent en été, & on les enterre en mettant à côté d'eux leurs arcs, leurs flèches & les ustensiles qu'ils possédoient ; mais pendant l'hiver, on les laisse cachés dans la neige jusqu'au retour de la belle saison.

Une paresse excessive, commune à tous les sauvages, tient les Ostiakes dans une inaction presque perpétuelle. Travailler pour amasser est une idée qui entre à peine dans leur esprit, car le plus grand effort de leur prévoyance consiste à recueillir en été quelques provisions pour l'hiver ; encore est-ce moins par réflexion qu'ils prennent cette précaution que parce qu'ils l'ont vu prendre à leurs ancêtres. Leur commerce se réduit à échanger des pelleteries contre du pain, du tabac qu'ils aiment à la fureur, & dont les deux sexes font également usage. Ils se procurent aussi par ces échanges des ustensiles & des outils de fer qui, comme vous l'avez déjà observé chez les sauvages, composent leurs meubles les plus précieux.

Leur paresse est cependant raisonnée. A l'égard du présent, disent-ils, nous voyons beaucoup de Russes qui, malgré les peines qu'ils se donnent, quoiqu'ils s'épuisent à travailler & qu'ils prétendent avoir une religion toute divine, ne laissent pas d'être plus malheureux que nous. Quant à l'avenir, il est si incertain que nous nous en reposons sur les soins de notre créateur.

Au surplus la paresse n'est peut-être pas un vice capital chez les peuples dont les besoins sont bornés, & d'ailleurs il faudroit l'excuser chez les Ostiakes en faveur de leurs autres bonnes qualités. La droiture & l'humanité sont en honneur parmi cette nation. Il est rare d'y rencontrer des libertins, des voleurs, des parjures, à moins que ce ne soit quelqu'un de ces Ostiakes dégénérés qui vivent avec les Russes corrompus & qui contractent insensiblement leurs habitudes vicieuses.

En voyageant chez eux, jamais je ne me suis servi d'autres guides que des naturels du pays, & jamais il ne m'est arrivé de rien perdre, quoiqu'il leur fût bien facile de me voler, puisque je dormois la nuit sur mon train de bois, & que souvent ils s'étoient relevés trois ou quatre fois avant que je fusse réveillé. Je n'ai pas été plus exposé lorsque j'ai logé dans leurs cabanes; le peu de pelleterie que j'avois, resta pendant mon séjour dans une tente ouverte, habitée par une nombreuse famille.

LETTRE CLXXXVI.

De Tobolsk.

L'Innocence & la bonne foi règnent également, Madame, chez les Samojédes, peuple voisin des Ostiakes. Les Samojédes ont été, sans le savoir sûrement, le sujet de plusieurs disputes littéraires. M. de Buffon dans le monument éternel qu'il a élevé à la gloire de la France, prétend que les Lapons, les Samojédes, & tous les Tartares du nord sont des peuples qui descendent d'une même race. D'autres écrivains célèbres combattent cette opinion.

Je ne décide pas entre Genève

& Rome, mais quelle que soit leur origine, les Samojédes méritent peu ces débats littéraires. Mais ils ne méritent pas non plus le nom d'*antropophages*, que les anciens donnoient aux peuples sauvages qu'ils ne connoissoient pas. Car il est constant que ce peuple grossier est cependant très-hospitalier, & d'un commerce doux & facile. Il est même disposé à la joie, quoique la nature l'ait relégué dans des marais glacés, des déserts affreux & des montagnes couvertes de neige.

Ces inconvéniens ont abrégé mon voyage dans la Samojédie, & mes observations sur ce peuple dépareroient sans doute le portrait qu'en a fait le panégyriste du Czar Pierre

Pierre dans son histoire de Russie.

« Les Samojédes, dit ce rare
» éctivain, ont dans leur moral des
» singularités aussi grandes qu'en
» physique. Ils ne rendent aucun
» culte à l'Etre-Suprême. Ils appro-
» chent du manichéisme ou plutôt
» de l'ancienne religion des Mages,
» en ce seul point qu'ils reconnois-
» sent un bon & un mauvais prin-
» cipe. Le climat horrible qu'ils
» habitent semble en quelque ma-
» nière excuser cette créance si an-
» cienne chez tant de peuples, &
» si naturelle aux ignorans & aux
» infortunés. On n'entend parler
» chez eux ni de larcins, ni de
» meurtres ; étant presque sans pas-
» sions, ils sont sans injustice. Il

» n'y a aucun terme dans leur langue
» pour exprimer le vice & la vertu.
» Leur extrême simplicité ne leur
» a pas encore permis de former
» des notions abstraites. Le senti-
» ment seul les dirige; & c'est peut-
» être une preuve incontestable que
» les hommes aiment la justice par
» instinct, quand leurs passions fu-
» nestes ne les aveuglent pas ».

Les Samojédes sont pour la plupart d'une taille au-dessous de la moyenne. Ils ont le corps dur & nerveux, d'une structure large & quarrée; le visage applati; les yeux noirs dont l'ouverture est petite, mais allongée; le nez tellement écrasé que le bout en est à-peu près au niveau de la machoire supérieure qu'ils ont très-forte & élevée ; la bouche grande & les lèvres minces : les oreilles grandes, plates & rehauffées. Leurs cheveux noirs comme le jaie, mais extrêmement durs & forts, leur pendent fur les épaules. Leur teint eft d'un brun jaune. Leurs jambes font courtes, déliées & tournées en dehors, & leurs pieds foit petits. Cette forme défectueufe eft compenfée chez les Samojédes par quelques qualités qui leur font d'une néceffité abfolue pour leur exiftence, & qu'ils perfectionnent par un exercice continuel. Ils ont la vue perçante, l'ouie fine & la main sûre. Ils font d'une légèreté extraordinaire à la courfe & tirent de l'arc avec une justesse admirable.

Les seuls végétaux de la Samojédie sont des génévriers, des pins, des sapins & autres arbrisseaux de cette espèce, & des navets d'une grosseur extraordinaire.

Les habitans de cette contrée établissent en été leur séjour dans les environs des rivières pour profiter de la pêche avec plus de facilité ; en hiver c'est de la chasse qu'ils tirent la principale partie de leur subsistance. Au reste ils sont peu difficiles sur le choix des animaux qu'ils prennent à la chasse. Mais c'est de la chair de renne dont ils font leur plus grand régal. Ils la mangent toujours crue. C'est pour eux un breuvage délicieux que le sang tout chaud de ces animaux, & ils prétendent que c'est un préservatif contre le scorbut. L'huile de baleine est leur boisson ordinaire.

Les rennes sont les seules richesses de ces peuples. Ils en nourrissent le plus grand nombre qu'ils peuvent. La possession de plusieurs rennes domestiques ne les empêche pas de faire la guerre aux rennes sauvages. La nécessité est par-tout industrieuse ; c'est elle sans doute qui a inventé les divers stratagêmes que les Samojédes emploient à cette chasse, & je vais vous rapporter celui qui m'a paru le plus singulier.

Un Samojéde couvert de peaux de renne & vêtu de façon qu'il

ne ressemble à rien moins qu'à une créature humaine, se place au milieu d'un troupeau de rennes domestiques en attendant que quelques rennes sauvages viennent se mêler parmi eux. Notre chasseur apperçoit-il un de ces derniers ? il se glisse doucement & en rampant jusqu'à ce qu'il soit près de lui ; alors il le perce d'une sorte de dard qu'il porte à la main.

L'utilité du renne est infinie dans ce pays. Cet animal traîne son maître, assouvit sa faim, étanche sa soif, & lui sert aussi dans ses amours. C'est avec des rennes que les Samojédes achètent les filles dont ils veulent faire leurs femmes. Rien n'est plutôt terminé que leur discussion sur ce point. Nulle cérémonie ne devance ni ne suit cette union conjugale. Un homme qui veut acheter une femme va trouver le père de la fille sur laquelle il a des vues ; il lui offre cent & jusqu'à cent cinquante rennes. Sont-ils d'accord ? le prétendant donne les rennes & le père livre sa fille ; mais le premier peut la renvoyer s'il n'en est pas content, & reprendre tout ce qu'il a donné.

Quoiqu'en payant leurs femmes au prix convenu, il leur soit permis d'en proportionner le nombre à leurs facultés, il est rare qu'ils en prennent plus de cinq, & la plupart même n'en ont que deux.

Leurs femmes enfantent sans douleur ; dans le cas contraire elles feroient foupçonnées d'infidélité.

C'eft en peaux d'hermines, d'écureuils & autres pelleteries qu'ils paient le tribut auquel ils font impofés. Ils affemblent ces peaux en paquet de neuf pièces, parce qu'ils confidèrent beaucoup ce nombre ainfi que les autres Tartares. Malgré la ftérilité du pays les pelleteries font en affez grand nombre pour rendre très lucratif l'emploi du Waywode qui réfide à Pouftofer, le feul endroit dans le pays des Samojèdes à qui l'on puiffe donner le nom de ville.

LETTRE CLXXXVII.

De Tobolsk.

SI vous voulez, Madame, vous instruire dans l'art de la négromancie, voyagez chez les Tungufes !

Les Tungufes ou Tungifes forment la nation payenne la plus nombreufe de la Sibérie. C'eft celle qui s'y eft le plus étendue; elle eft compofée d'environ cent mille hommes. Ce peuple occupe la plus grande partie de la Sibérie orientale, & eft divifée en trois branches principales furnommées Konni, Oleni & Sabatfchi, c'eft-à-dire qui fe fervent pour leurs courfes de chevaux, de rennes ou chiens. Les Tungufes font épars dans les Waywodies de Jéniféik, d'Iikuftk & de Nerzinsk, jufques fur les bords du fleuve Amur.

Tous les Tungufes font en général grands, bien faits & robuftes ; ils ont e vifage affez large, mais le nez moins écrafé & les yeux plus ouverts que les Tartares Kalmouks. Leurs cheveux font noirs & remarquables par leur longueur.

Les Tungufes-Konni nourriffent des chevaux, des moutons & des chèvres. Ils s'habillent des peaux de ces animaux ainfi que les Tartares Mongols leurs voifins, & fe fervent des mêmes armes, & portent des bottes à la Chinoife. Ces

Tungufes montent très-bien à cheval, ainsi que leurs femmes & leurs filles qui ne fortent jamais fans être bien armées.

La richeffe des Tungufes-Oleni confifte dans le nombre de leurs rennes. .Celui qui en pofsède cinquante eft très-riche. Vingt de ces animaux rendent un homme paffablement riche; dix font un Tungufe aifé, & fix annoncent un homme du commun. La claffe des mal-aifés eft ici comme ailleurs très-nombreufe, car peu de Tungufes ont plus de fix rennes, & beaucoup en ont moins. Ce font les Tungufes-Oleni qui fourniffent aux Ruffes les plus belles zibelines.

Quant aux Sabatschi Tungufes, ils se servent de chiens pour leurs traîneaux ; ils font aussi leur nourriture de ces animaux : c'est même le plus grand régal qu'ils connoissent.

La religion de tous ces Tungufes est la même, à peu de chose près. Ils sont tous payens, reconnoissant un premier principe, mais ne lui rendant aucune sorte d'adoration. Dans les nécessités de leur vie errante, ils s'adressent à des idoles de figure humaine, qu'ils font comme les Ostiakes, & auxquelles ils rendent un culte semblable. Leurs prêtres s'appellent Schamans. Leurs fonctions sont celles de véritables sorciers. Parmi tous les

les payens de la Sibérie qui se mêlent de sorcellerie, ce sont les Schamans Tungufes qui passent pour les plus habiles négromanciens. On vient les consulter de deux ou trois cens lieues. Ces Schamans sont très-intéressés. Veut-on recouvrer une chose volée, ou savoir l'événement de telle ou telle affaire ? Il faut qu'on commence d'abord par payer au Schaman un certain prix, sans quoi point d'oracle. La consultation payée, le Schaman met une robe garnie de toutes sortes de vieilles férailles, de figures d'oiseaux, de poissons & d'autres animaux aussi de fer, qui tiennent les unes aux autres par des mailles de même métal, de façon cependant que cette robe peut se plier. Ses jambes & ses piés sont couverts d'une chauſſure de même étoffe ; & dans les mains il a des pattes d'ours auſſi de fer. qui lui ſervent de mitaines. Sa tête eſt ſurmontée d'un bonnet orné de férailles, & de deux hautes cornes de fer placées au-deſſus du front.

Ainſi équipé, il prend dans ſa main gauche un tambour de ſa façon, & dans la droite un petit baton couvert de peau de rats : puis ſautant & gambadant en croiſant les jambes, tantôt par-devant, tantôt par-derrière, il ſe trémouſſe ſi fort que le cliquetis des férailles de ſa robe, joint au bruit qu'il fait en frappant ſur ſon tambour, & aux hurlemens qu'il a foin de pouffer, produit un tintamare affreux. Pendant toute cette danfe infernale, il a les yeux fixés fur l'ouverture qui eft au haut de fa hutte. Il ne ceffe de faire du bruit, de fauter & de hurler qu'après qu'il a vu l'oifeau noir : celui-ci, dit-on, vient fe pofer fur le toît de la cabane de ce magicien. Au moment que l'oifeau a été frappé des regards de notre forcier, il difparoît, & le Schaman tombe par terre tout hors de lui-même. Il demeure environ un quart-d'heure dans cet état. Il revient enfuite à lui, fe relève fain & fauf, & donne fa réponfe. J'ai interrogé plufieurs Tungufes qui

R ij

paroissent très-contens de leurs devins.

Leur religion permet la polygamie, mais leur pauvreté les empêche d'avoir plus d'une femme à-la-fois. Ils ont des idoles de bois auxquelles ils s'adressent pour demander une chasse ou une pêche abondante, seuls objets de leurs vœux. Ils sacrifient au diable le premier animal qu'ils ont tué à la chasse & sur le lieu même; mais la part du diable est très-petite dans ces sacrifices; car ils mangent la viande des animaux, en gardent la peau pour leur usage, & n'exposent que les os tout secs sur un poteau. C'est traiter le démon comme il le mérite. Lorsque la chasse n'a pas réussi, ils s'en prennent à l'idole & la jettent de dépit d'un coin à l'autre. Ce dieu humilié n'obtient son pardon qu'en procurant une chasse plus avantageuse; mais s'il récidive, alors tout culte cesse, & il court les risques d'être submergé.

LETTRE CLXXXVIII.

De Tobolsk.

LA sorcellerie n'est pas moins en honneur, Madame, dans la province de Jakutsk; les femmes même exercent cet art dans cette contrée. J'en ai vu qui quoique jeunes avoient cependant fait tant de progrès dans la négromancie qu'elles étoient en état, diſoient-elles, de ſe plonger un couteau dans le corps, ſans en être bleſſées. Pour ne point jouer le rôle d'un incrédule auprès de ce peuple ſuperſtitieux, je n'ai pas voulu être témoin de ce prodige.

La province de Jakutsk eſt tout à fait ſtérile & ne produit, comme la Samojédie, que des pins, des génévriers, des groſeliers de toutes les ſortes, des frambroiſiers & autres arbriſſeaux de cette eſpèce.

La ville de Jakutsk eſt ſituée dans une plaine ſur la rive gauche du Lena, qui ſe jette à deux cens lieues plus loin dans la mer Glaciale. L'hiver y eſt ordinairement très-rude, mais les forêts qui ſont au-deſſus & au-deſſous de la ville fourniſſent ſuffiſamment du bois.

C'eſt à Jakutsk que ſe rendent tous ceux qui veulent faire le voyage du Kamſchatka ; le paſſage des voyageurs rend cette ville aſſez active, quoique cependant la briéveté des jours & la rigueur du climat n'encouragent pas beaucoup au travail. Il eſt dangereux de ſéjourner dans cette province, ſurtout en hiver. Les habitans y ſont ſujets à avoir les membres gelés.

Les Jakutsks ſuppoſent deux êtres ſouverains, l'un cauſe du bien, & l'autre du mal. Chacun de ces êtres a ſa famille. Pluſieurs diables, ſelon eux, ont femme & enfans. Tel ordre de diables fait du mal aux beftiaux, tel autre aux hommes faits, tel autre aux enfans. Certains démons habitent les nuées, & d'autres font fort avant dans la terre. Les divinités bienfaifantes ont auſſi leur département. Les unes protègent les hommes, les autres ont foin des beftiaux, celles-ci procurent une bonne chaffe, celles-là préfident à la pêche. Tous ces dieux aimables réfident dans la région aérienne.

La manière de vivre des Jakutsks ne diffère pas beaucoup de celle des autres nations de la Sibérie. Mais ils ont un ufage dont il n'y a peut-être point d'exemples chez aucun autre peuple du monde : lorfqu'une femme Jakute eſt accouchée d'un enfant, la première personne qui entre dans la jurte, donne le nom au nouveau-né : le père s'empare du *placenta*, le fait cuire, & s'en régale avec ses parens & ses amis.

La saiga, animal qui ne diffère du daim qu'en ce qu'il a les cornes droites au lieu de les avoir crochues, est très-commune dans cette contrée. On y voit aussi une sorte de marmottes, que les Russes nomment *sewraschka*. Ce joli petit animal se trouve dans les champs au environs de Jakutsk ; il se creuse des souterrains & y reste endormi durant tout l'hiver. Pendant l'été il cherche par-tout sa nourriture, aussi trouve-t-on cette espèce de marmottes jusques dans les caves & les greniers des maisons. Lorsqu'on en prend une & qu'on l'irrite elle mord très-fort, & rend un son très-clair, pareil à celui de la marmotte ordinaire. Elle est plus souple lorsqu'on lui donne à manger, & elle se tient alors assise sur les pattes de derrière & mange avec celles de devant.

L'isatis, animal presque semblable au renard, mais auquel on accorde encore plus de finesse, habite aussi les contrées voisines de la mer Glaciale. Son poil a deux pouces de long; il est très-doux & presque toujours blanc, quelquefois d'une couleur cendrée. Aussi les peaux d'isatis qui approchent de la couleur noire, font-elles plus estimées.

Pendant le cours du voyage que j'ai fait dans cette province, un endroit du Lena, appelé *Stolbi*, a sur-tout attiré mon attention. C'est un lieu fort remarquable par une suite de montagnes placées sur la rive gauche du fleuve qui forment comme des espèces de colonnes élevées dans des directions différentes. Ces montagnes colonniformes offrent un spectacle aussi singulier que curieux. Depuis leur pied jusqu'à leur sommet, de grandes pièces de rochers s'élèvent les unes en forme de colonnes rondes, d'autres imitent des cheminées quarrées; plusieurs enfin ressemblent à de grands murs de pierre, de la hauteur de dix à quinze brasses : j'ai cru voir les ruines d'une grande ville ; & en effet, à une certaine distance ces montagnes pyramidales représentent exactement tout ce qui compose la perspective des villes, tours, clochers, péristîles & autres édifices. Plus on en est éloigné, plus le coup d'œil est beau, parce que les pièces de rochers, placées les unes derrière les autres, prennent toutes sortes de formes selon le point de vue d'où on les regarde. Les arbres qui se trouvent entre les intervalles augmentent encore la beauté du coup d'œil. Ces montagnes occupent une étendue de neuf lieues, elles diminuent par gradation jusqu'à ce qu'elles disparoissent tout-à-fait à la vue. La pierre dont les colonnes sont formées est en partie sablonneuse & de toutes sortes de couleurs, & en partie d'un marbre rouge agréablement varié. On trouve entre les rochers un bon minerai de fer, & l'on voit au pied de la montagne où commence la perspective deux cabanes construites avec des broussailles en forme de jurte, où les ouvriers se retirent la nuit & les jours de fête. Je me rendis à cette montagne dont la hauteur est d'environ un quart de lieue, & j'y trouvai les ouvriers travaillant: je n'avois encore vu nulle part exploiter si lestement une mine.

Le minerai est presque toujours mêlé avec une terre ferrugineuse, jaune ou rouge, & on l'exploite simplement avec des pelles. Huit à dix ouvriers sont en état de ramasser quatre à cinq cens pieds de minerai dans un jour. On le jette dans une caisse de bois, & quand elle est pleine, on la couvre de plusieurs gros morceaux de bois, auxquels on met le feu. Quand le tout est brûlé, le minerai se se trouve suffisamment épuré, & l'on en remplit des sacs de cuir. Chacun de ces sacs a une sangle par laquelle un homme l'attache à son dos, & il descend ainsi la montagne en courant avec une vîtesse étonnante. Un long bâton qui tient à la sangle, sert au porteur à se retenir lorsqu'il rencontre un endroit glissant. La descente de la montagne est une affaire de quatre minutes: aussi chaque porteur la monte-t-il & la descend-il huit à dix fois par jour.

LETTRE CLXXXIX.

De Tobolsk.

Dans quelque endroit de la Sibérie que l'on voyage, Madame, on y observe que ce pays immense n'est pas peuplé, proportionnellement à son étendue.

Dans le nord, c'est le climat qui s'oppose à la population, par la stérilité des terres, le plus insurmontable de tous les obstacles; dans le midi, c'est un concours de causes physiques & morales qui dépeuple le pays. Les émigrations continuelles des Tartares en font un désert. La petite vérole moissonne près de la moitié des enfans. Une autre maladie plus contagieuse, qui attaque les sources de la génération, y exerce encore des ravages d'autant plus cruels, que l'art de la guérir est inconnu dans ces contrées. Aussi voit-on peu de vieillards en Sibérie. L'exploitation des mines est encore une des grandes causes de cette dépopulation. Plus de deux cens mille hommes y sont occupés à ce travail, qui ne convient qu'aux états très-peuplés.

Cette dépopulation de la Sibérie s'étend jusques sur la puissance qui l'a conquise. La Russie y envoie un nombre prodigieux de travailleurs & de soldats ; & peut-être que la Sibérie deviendra un jour aussi funeste aux Russes que le Pérou l'a jamais été aux Espagnols, à moins que les Moscovites, fidèles au plan qu'ils semblent avoir adopté & qu'ils suivront sans doute, tant qu'aucune nation ne troublera leurs projets ambitieux, n'abandonnent leurs déserts pour envahir des pays plus riches & ne transportent le siège de leur empire colossal du septentrion à l'orient.

La superstition, l'ignorance & la paresse sont les trois divinités de la Sibérie. Elles y règnent d'un bout à l'autre de cette vaste contrée, chez les peuples septentrionaux, comme chez les habitans des provinces plus tempérées. Aussi bornerai-je mes observations à vous faire connoître ce que la nature offre de plus curieux dans ces régions éloignées.

La province de Nerzinsk, frontière de la Chine, est la plus féconde de toute les contrées de la Sibérie. Elle doit sa fécondité aux fleuves considérables qui l'arrosent. Le district de la ville d'Argun renfermée dans cette province, est d'une fertilité & d'un agrément sans égal. On y trouve des mines de cuivre & d'argent qui étoient déjà connues du temps de Marc Paul, par les Tartares orientaux. C'est à Pierre le Grand que les Moscovites en doivent l'exploitation. On admire aussi aux environs de cette ville une montagne de jaspe d'un très-beau verd, & si dur qu'on ne peut le travailler avec l'acier.

On pourroit regarder cette province comme tributaire des Chinois. C'est ici que ce peuple industrieux apporte des marchandises de toute espèce qu'il échange contre le drap, les cuirs, le fer & les pelleteries de la Russie. Les marchandises Chinoises excèdent de beaucoup celles des Russes, & l'intelligence de ceux-ci cède encore à la sagacité des Chinois : car les derniers sachant que les marchands Russes qui font le voyage de la frontière ne cherchent qu'à se débarrasser de leurs marchandises pour pouvoir s'en retourner promptement, diffèrent la conclusion de leurs marchés & amènent ainsi par leur lenteur le Russe à se défaire de ses marchandises au prix qu'ils ont résolu d'y mettre.

Parmi les lacs qui arrosent la Sibérie, on distingue sur-tout le lac Baikal qui arrose la province d'Irkutsk, tant à cause de son étendue & de sa profondeur, que parce qu'il abonde en poissons de toute espèce. La longueur de ce lac est d'environ cent lieues du sud-ouest au nord-est, & sa largeur de vingt-cinq ; il n'a pas moins de cinq lieues dans les endroits où il est le plus étroit. Le Baikal est partout très-profond & navigable. Son eau est douce, blanche & très-claire. On y trouve des chiens marins, ce qui est assez rare dans les lacs d'eau douce, des esturgeons & des brochets d'une grosseur monstrueuse.

Les différens observateurs envoyés en Sibérie prétendent que tous les tremblemens de terre qu'on éprouve dans ce pays, tirent leur origine des terreins qui sont au-dessous & aux environs du lac Baikal. Ils fondent leurs conjectures d'abord sur ce que les tremblemens ne font bien sensibles qu'à la proximité de ce lac & dans les endroits qui l'environnent de près ; en second lieu sur ce qu'ils se font sentir avec plus de violence tout près de ce lac que plus loin ; troisièmement enfin sur ce qu'il y a des sources de soufre, d'où l'eau sort toute chaude, tant autour du lac Baikal, que sur le lac même. Ce lac jette aussi beaucoup de malthe que les habitans du pays brûlent dans les lampes.

Irkutsk, capitale de la province, passe après Tobolsk & Tomsk pour une des plus grandes villes de la Sibérie. Elle est située sur la rive orientale de l'Angara, dans une belle plaine vis-à-vis de l'embouchure de l'Irkutsk, d'où elle tire son nom. On y compte plus de neuf cens maisons assez bien construites quoiqu'elles ne soient que de bois. La Waywodie d'Irkutsk est une des plus lucratives de la Sibérie ; parce que c'est par cette ville que vont & reviennent tous ceux qui font le commerce de la Chine. Les Chinois y apportent même quelquefois leurs marchandises. Les Tunguses sont en grand nombre dans cette province ainsi que dans celle de Jeniséik.

Cette dernière province, arrosée par le Jeniséi, & par plusieurs autres fleuves assez considérables, est très-étendue ; elle seroit même très-fertile, si les Tunguses & les Ostiakes qui l'habitent en partie se livroient à l'agriculture. Cependant elle renferme d'autres peuples un peu moins pareffeux. Tels font les Slufchiwies qui font riches en chevaux & en beftiaux; les Bratskis qui exercent avec habileté l'art d'incrufter les métaux.

Jeniféik & Kranojartsk font les deux feules villes de cette province qui méritent ce nom. Elles font toutes les deux fituées fur le rivage occidental du Jeniféi. Les bords de ce fleuve fi étendu produifent une forte de rofeau dont les habitans tirent un bon parti. Des extrémités de ces joncs ils font des nattes & des couvertures tiffues très-proprement & peu différentes de celles que l'on fait en Europe avec la petite pellicule du tilleul.
En

En été ils étendent ces nattes sur leurs cabanes, pour tempérer la chaleur du soleil.

C'est dans cette province qu'on recueille l'huile terrestre, que les Russes appellent *stein-butter*, c'est-à-dire huile ou beure de rocher. La montagne d'où distille ce beure est d'une espèce d'ardoise noirâtre & assez élevée. Il s'y trouve des crevasses desquelles découle lentement une matière épaisse d'alun jaunâtre, laquelle se durcit & se blanchit à l'air. On l'appelle beure de pierre, parce qu'elle est très-grasse, & que la pluie ne peut la pénétrer. Elle passe dans le pays pour être un bon remède contre plusieurs maladies. Les Russes font épaissir cette huile dans des fours & s'en servent après pour donner à leurs cuirs une couleur noire.

On remarque non-loin de cette montagne de grands monceaux de coquilles qui ont très-bien conservé leur forme & leur couleur naturelle. Ces coquilles sont toutes vuides, & quelques-unes tombent en poudre dès qu'on les touche ; la mer de cette contrée n'en fournit point de semblables.

Le ciel est presque toujours serein pendant l'été à Jeniséik. Cette saison est souvent annoncée par des aurores boréales qui offrent le spectacle le plus curieux. Ces météores sont ici de deux espèces. Tantôt on voit paroître entre le nord-ouest &

l'oueſt un arc lumineux, d'où s'élèvent à une hauteur médiocre quantité de colonnes brillantes ; ces colonnes s'étendent vers différens points du ciel, qui eſt tout noir au-deſſous de l'arc, quoiqu'on diſtingue quelquefois les étoiles au travers de cette noirceur. Tantôt on n'apperçoit d'abord au nord & au nord-eſt que quelques colonnes lumineuſes qui s'agrandiſſent peu-à peu & occupent un grand eſpace du ciel ; ces colonnes s'élancent avec beaucoup de rapidité, & couvrent enfin tout le ciel juſqu'au zenith, où les rayons viennent ſe réunir. On diroit un vaſte pavillon brillant d'or, de rubis & de ſaphirs, déployé dans la région céleſte. Ce superbe phénomène ne laisse pas d'inspirer de l'effroi, il est ordinairement accompagné d'un bruit semblable à celui d'un grand feu d'artifice. Les animaux même en sont effrayés. Les chiens des chasseurs qui sont surpris par ces aurores boréales en sont sur-tout épouvantés. Ils refusent d'aller plus loin & restent couchés à terre en tremblant jusqu'à ce que le bruit ait cessé.

Je n'acheverai point la description de la Sibérie sans vous parler d'une de ses productions qui a exercé la plume de plusieurs savans, je veux dire l'ivoire fossile, connu sous le nom de dent de mammont. On a long-tems disserté pour savoir d'où provenoit cet ivoire. Les uns l'ont attribué à un animal qui vivoit entre deux terres. Mais on n'a eu aucune connoissance de ce gnome de nouvelle espèce. D'autres ont pensé que ces dents de mammont pouvoient être des dents d'un poisson de mer monstrueux, espèce de baleine, appelée Narval. Mais les dents ou plutôt les cornes de ce poisson sont connues depuis long-tems dans la médecine, on leur a même accordé gatuitement la propriété de guérir les maladies contagieuses. Enfin il est reconnu à présent que cet ivoire fossile appartient à l'éléphant ; que cet animal chassé dans ces pays sauvages avec ses maîtres du tems des révolutions qu'ont éprouvées la Chine & la Tartarie, ou transporté après sa mort par des causes naturelles, telles que des inondations, a laissé dans la Sibérie ses ossemens, & que leur conservation & leur incorruptibilité est due au froid excessif qui règne dans ces contrées.

Les productions du règne minéral sont aussi variées que fécondes dans la Sibérie. On y trouve quantité de cornalines, du jaspe, du corail, du grenat, des améthystes, du cristal magnifique & de belles topazes. Le verre fossile y est aussi fort commun. Plusieurs fleuves, entr'autres l'Oby, y donnent de belles pierres fines, semblables aux agathes, & dont les Russes font beaucoup de cas. La Sibérie n'est pas moins riche en amianthe ; on y voit des veines considérables de cette matière minérale répandues sur la surface des montagnes. Enfin le fer de la Sibérie est beaucoup meilleur & plus cher que celui de Russie.

Mais quelque variées que soient les productions de la Sibérie, leur recherche est longue & pénible. Il faut voyager long-tems dans cette terre disgraciée de la nature pour trouver des objets dignes de curiosité, tandis que vous y rencontrez presque en tout lieu un climat affreux, des plaines incultes, des déserts glacés, des habitans plongés dans la superstition la plus profonde & des vainqueurs cruels & à-demi civilisés. En un mot il s'en faut bien que la Sibérie étale les trésors & la fertilité des autres contrées de l'Asie. On peut l'appeller un pays de fer en la comparant aux régions opulentes de cette partie du monde. Aussi sert-elle de prison aux criminels d'état ; la Sibérie est en partie peuplée des familles de ces malheureux.

Je n'arrêterai pas plus long-tems vos regards sur un tableau lugubre. Mon premier voyage vous offrira sans doute des relations plus intéressantes. Je vais me rendre à l'Empire du Crand-Sophi. Je vais visiter les fervens disciples d'Ali

& les sectateurs épars du Grand-Zoroastre ; enfin je vais admirer le climat le plus beau qu'éclaire l'astre de la lumière, reconnoître les vestiges de plusieurs villes célèbres dans les anciennes annales du monde, & gémir sur les ruines de Persépolis, cette antique & superbe cité, où le meurtrier de Clytus signala son incontinence & sa fureur.

Fin du treizième Volume des Voyages.

www.ingramcontent.com/pod-product-compliance
Lightning Source LLC
Chambersburg PA
CBHW070628160426
43194CB00009B/1395